골목 연가

골목 연가

초판 1쇄 인쇄 | 2025년 01월 20일
지은이 | 최미옥
펴낸이 | 이재욱(필명:이승훈)
펴낸곳 | 해드림출판사
주 소 | 서울 영등포구 경인로82길 3-4(문래동1가 39)
　　　　센터플러스빌딩 1004호(07371)
전 화 | 02-2612-5552
팩 스 | 02-2688-5568
E-mail | jlee5059@hanmail.net

등록번호　제2013-000076
등록일자　2008년 9월 29일

ISBN　979-11-5634-610-4

최미옥 수필집

해드림출판사

| 작가의 말 |

텃밭

  내 책, 오랜 꿈이었습니다. 현실 앞에서 맥없이 스러졌던 꿈을 다시 꾸게 된 건 세월이 흐른 후였지요.

  사람도 살림살이도 단출하게 이곳으로 이사를 왔습니다. 북한산의 아름다운 풍광이 손에 잡힐 듯 바라보이는 동네가, 산골 마을인 고향처럼 편안했네요. 천변을 걷고 뒷산을 오르내리고 텃밭을 가꾸느라 하루해가 짧았습니다.

  서울살이 사십여 년은 남의 옷을 입은 듯 편치 않더니 비로소 맞춤한 옷을 찾은 것 같았지요. 내 몸도 개구쟁이 스머프처럼 초록으로 물들었겠다 싶을 즈음 다시 수필이 다가왔습니다. 몇 군데 공모전에서 상을 받으면서 자신이 생겼고 본격적으로 작품을 정리하기 시작했습니다.

  모종이 빼곡한 텃밭 같은 초고를 보며 아득할 때가 많았지요. 글자를 솎아내고 문장을 반듯하게 앉히는 작업이 지리멸렬해서 내던지고도 싶었지만, 몰입의 시간은 행복했습니다.
  내 글의 첫 독자인 사랑하는 어머니께 〈골목연가〉를 안겨드릴 수 있어 무엇보다 기쁩니다. 남편과 딸들, 사위들과 외손자 리 윤 규, 그 자리에 있어 주어서 고맙고 든든합니다.
  한때 눈 맞추던 시절인연이 나를 성장하게 한 에너지원이었음을 비로소 깨달으며 고마움과 함께 안부를 전합니다. 모두 편안하시기를.

| 차례 |

4 | 작가의 말 | 텃밭

1. 골목연가

12	우체국 가던 날
17	겨울 을왕리에서
21	추어탕을 끓이며
26	5분 전 예고
31	골목 연가
38	깜과 어머니
44	몸값
48	버선목 뒤집기
52	나도 춤추고 싶었다

2. 침엽수와 활엽수

- 59   상사화를 만나다
- 64   침엽수와 활엽수
- 70   감 이야기
- 75   다시 나팔꽃을 심으며
- 80   상추쌈
- 85   야간산행
- 89   그리운 용대리
- 93   봄을 넘보다가
- 96   특별한 재회
- 101   젊은 날의 삽화

3. 집으로 가는 길

107	이삭과 원피스
110	저물녘 골목시장
114	집으로 가는 길
120	세월의 힘
125	버리지 않은 꿈은
130	긴 수다
136	울적한 날엔
140	철새는 날아가고
145	그 여자의 호주머니
149	편지
153	할머니 미국 모르지요?
157	할머니는 몰라

4. 입이 거들다

- 165 씹던 껌
- 170 마이동풍
- 175 동냥 밭에서
- 179 마지막 둥지
- 183 타인의 관심 혹은 무관심
- 186 욕이 다 나쁜 것은 아니다
- 191 바리스타 그녀
- 197 원위치
- 201 다름을 변명하다
- 206 입이 거들다
- 210 엄마처럼 살지 않을거야
- 217 아버지의 정원

1

골목연가

우체국 가던 날

혼자 사시던 친정어머니를 우리 집으로 모셔왔더니 외가 친척들과 연락이 닿게 되었다. 덕분에 잊고 살던 외사촌이며 이종사촌들의 목소리를 들으며 쌓인 안부를 나누고 있다.

며칠 전 어머니의 사촌 동생인 아재가 전화하셨다. 스피커폰을 켜고 어머니 앞에 앉았다. 팔순과 구순 고개에 이른 어른들의 수다가 시작되자 낯선 동네며 아득한 조상들이 줄줄이 소환되었다. 추억을 공유하지 못한 나는 간간이 추임새만 넣고 있는데 아재가 뜬금없이 요새는 글을 안 쓰느냐고 물었다.

오래전에 작가가 되고 싶었지만 꿈꾸기에 그쳤고 접었던 꿈을 펴기 시작한 건 최근인데, 소식 모른 채 살던 천 리 밖의 아재가 글 이야기를 꺼내다니 뜻밖이었다. 내가 의아해하자 아재는 어머니의 회갑연을 언급했다. 껄껄껄, 아재의 웃음소리에 수십 년 세월이 접히면서 나는 통화권 밖으로 내빼고 싶었다.

환갑이 동네잔치이던 시절이었다. 우리도 어머니의 환갑이 다가오자 의논하던 중 형부가 내게, 어머니께 드리는 편지를 써서 읽으라는 '숙제'를 주셨다. 서른일곱에 혼자 되어 오 남매를 키우셨으니 편지 한 장쯤이야 시쳇말로 껌이지 싶었다.

그 무렵 나는 화장품 가게 주인이었다. 전업주부에서 자영업자로 환승하고 비로소 밥값을 하는 당당한 사회인이 된 듯 어깨에 힘이 들어가 있을 때였다. 초등생이던 딸아이 둘을 학교 보내기 바쁘게 집안일을 마친 후 출근했다. 가게 문을 활짝 열고 커피 물을 끓이노라면 콧노래가 절로 나왔다.

손님이 없어도 할 일은 많았다. 청소도 야물게 해야 했고 빠진 상품을 체크한 후 각각의 대리점에 주문서도 넣어야 했다. 커피 한잔, 하며 들르는 이웃도 무시할 수 없어 고객이 없어도 분주했다. 그러자니 '숙제' 할 시간이 없었다.

신새벽 도매시장으로 잡화를 사러 가는 일도 만만치 않았다. 새벽을 여는 사람들 틈에 끼어서 바쁘게 시장을 돌며 나와 눈이 맞는 상품을 한 보따리 안고 왔다. 화장품을 사러 온 고객은 예쁘게 진열해놓은 핀이며 머리띠 속옷 등을 덤처럼 챙겨갔다. 발품이 보태졌기 때문일까. 그쪽이 더 쏠쏠했기에 장삿속을 챙겨야 했다.

짬짬이 신제품 공부도 해야 했다. 제품에 대한 확신이 있어야 판매가 수월했으므로 성분을 파악하고 실습도 했다. 대리점에서 나온 형형색색의 샘플은 내 장난감이었다. 비 오는 날엔 새빨간 립스틱을, 바다가 그리운 날엔 청색의 마스카라로 속눈썹을 한껏 올렸다. 가을바람이 부는 날엔 황금빛 펄이 섞인 아이새도우와 립스틱을 바르고 동색의 블라우스를 걸쳤다. 손톱까지 금빛으로 물들이면 내 모습이 근사하게 물든 낙엽송 같았다. 피카소의 그림에나 등장할 법한 여인과 눈 맞추노라면 무대를 기다리는 배우처럼 가슴이 뛰곤 했다.

그러자니 숙제는 점점 아득해졌다. 어느 시인은 퇴근 후에도, 저녁을 먹고 빨래를 개고 아이와 노는 등 일상을 온전히 끝내고 나서야 시의 방에 들 수 있노라 했다. 현실의 문을 닫고 시의 방문을 열기까지 일련의 의식을 거친 후 비로소 시를 마주한다고. 시도 소설도 아닌, 편지 한 장이지만 잡다한 일상 속에서 쓰는 일은 쉽지 않았다. 짬짬이 쓰는 글은 흐름이 끊어졌고 가뜩이나 못 쓰는 글씨는 내가 쓰고도 못 알아볼 지경이었다. 간신히 절반쯤은 넘겼는데 마무리가 영 어려웠다.

잔칫날은 다가오는데 편지를 완성할 자신이 없어서 형부

게 전화했다. 도저히 못 쓰겠으니 이 순서는 빼자고. 형부는 할 수 있는 데까지만 하고 그대로 들고 오라고 했다.

밤차를 타고 당일 새벽, 도착하자마자 미완의 편지를 내밀었다. 잠옷 바람으로 책상 앞에 앉은 형부가 일필휘지로 마침표를 찍었다. 국어 교사인 형부와 공동으로 쓴 편지는 내가 읽었고 박수를 받기는 했다.

너무 창피해서 쥐구멍을 찾듯 구석 자리에 앉았을 때, 아재가 다가오셨다. 고등학교 교사였던 아재는 '우리 학생들에게 읽어주고 싶다'며 그 편지를 줄 수 없냐고 하셨다. 가난한 편모슬하에서 당당한 직장인으로 자란 이야기가 있었으니 청소년 제자들에게 들려주고 싶으셨던 듯. 그러나 두 사람의 글씨체가 뒤섞인 너덜너덜한 편지를 드릴 수가 없었다. 아재께 편지를 내보이며 집에 가서 다시 써서 보내겠다고 약속했다.

깨끗하게 써서 부칠 생각이었지만 생각에 그치고 말았다. 잡다한 일상 속에서 차일피일하다가 잊고 만 것이다. 지금 같으면 키보드 하나 누르면 천 리 길을 단숨에 날아갈 텐데 말이다.

아재는 그때를 생생하게 기억하시며 넌지시 나무라는데 민망하기 짝이 없었다. 때늦은 사과를 거듭하니 '작가가 되어 있을 줄 알았다'고 하시기에 최근에 등단한 근황을 전했다. 아재는 반가워하며 내 글이 실린 책을 부쳐줄 수 있느냐고 물으셨다. 당장 부치겠다고 대답했다.

다음 날 아침 일찍 우체국으로 갔다. 오랜 빚을 갚으러 가던 걸음이 그리도 가벼웠을까. 하늘도 드높은 가을이었다.

겨울 을왕리에서

　바다가 보이는 숙소에 여장을 풀었습니다. 친구들의 수다를 뒤로하고 베란다에 섭니다. 야트막한 산자락이 바다를 베고 길게 누운 듯한 창밖 풍경은 그림엽서 같네요. 망망대해라기보단 아름다운 호수 같은데 세찬 바람과 함께 비릿한 갯내가 훅 뛰어드는군요.

　멀리 방파제에 일몰을 잡기 위한 출사꾼들이 모여 있습니다. 순간을 포착하기 위해 저들은 밤샘을 마다하지 않는다지요. 좋은 자리를 차지하기 위해 일찌감치 카메라를 장착해놓고 모닥불 쬐며, 잔술도 주고받으며, 이제나저제나 찰나를 잡기 위해 서성대는 사람들. 저들의 기다림은 숙성의 시간일 것입니다. 사진 작품을 얻기 위한 기다림의 시간은 글쓰기의 퇴고와 비슷할까요.

물이 차오르는 중인지 빠지는 중인지 궁금해하는 내게, 을왕리 부근이 고향인 선배가 썰물이라고 일러주는군요. 지금이 밀물과 썰물의 차이가 가장 큰 사리 때라서 고기가 많이 잡힌다고 덧붙입니다. 고향 까마귀만 봐도 반갑다더니 선배는 고향에 취해 사뭇 들떠 있는 것 같아요.

산골에서 자란 나는 지금도 바다의 생태에는 무지한 편입니다. 밀물이 순식간에 차오른다는 사실을 몰라서 혼비백산한 적이 있었지요. 우물 밖 세상이 궁금해서 몸살하던 아득한 시절 이야기입니다. 어느 여름날 산골 아이 몇이 의기투합해서 바다 구경 나선 적이 있었습니다. 무식해서 용감했고 용감해서 큰일 치를 뻔했던 이야기가 아마득한 세월을 밀며 밀물처럼 다가오는군요.

그곳이 어디였을까요, 앞도 뒤도 생각나지 않지만 자칫 수장될 뻔했던 사건은 생생합니다. 우리가 도착했을 때는 지금처럼 썰물 때였던 듯, 바닷물은 까마득히 물러나 있었지요. 찰방찰방 물이 고인 웅덩이에 파닥거리는 새끼 물고기며 조개를 보고 만지며 우리는 환호했고 크고 작은 바위에서 바위로 건너뛰며 신이 났습니다.

그 풍경이 바닷물에 잠겼다가 드러났다가 하는 곳인 줄은 몰랐습니다. 우리는 어느 평평한 바위에 퍼질러 앉았지요.

듬직하게 앉은 해변의 바위도 산 속의 너럭바위처럼 변함없을 줄 알았지요.

 긴 수다에 시간 가는 줄 몰랐고 사람들이 하나둘 빠져나간 것은 더욱 몰랐습니다. 정신 차렸을 땐 우리 자리만 동그란 섬이 되어 있더군요. 사람들은 거의 빠져나가고 우리처럼 무지했던 몇이 절벽을 타고 필사적으로 탈출하는 중이었어요.

 허둥지둥 그 후미에 섰습니다. 파죽지세로 밀려오는 밀물은 우리가 앉았던 마지막 바위마저 이내 삼켜버리더군요. 넘실거리는 바닷물은 세상을 삼켜버릴 것 같았습니다.

 혼비백산한 건 엇비슷할 텐데 그중 하나가 간이 컸던가 봅니다. 우왕좌왕을 단숨에 제압하고 앞장섰지요. 절대로 아래를 내려다보지 말 것을 명했고 하나둘 하나둘, 선창하면서 소리 내어 따라 하라고 짧게 말했습니다. 그의 카리스마는 하늘에서 내려온 동아줄이었습니다. 우리는 주저 없이 줄을 잡고 목소리를 모았네요.

 출렁거리는 바닷물은 거대한 괴물이었고 금방이라도 발목을 낚아챌 것 같았습니다. 내려다보면 안 되는데 자꾸 눈이 갔습니다. 아차, 하는 순간 수장될 판이었는데도 말입니다. 절벽을 붙잡은 손도 마찬가지였습니다. 수직으로 버티고 선 바위의 틈을 손끝으로 아슬아슬하게 더듬어 없는 길을 만들며 가야 했지요. 후들거리는 걸음을 진정시키며 마침내 탈출에 성공했습니다.

 입으로 소리를 내는 행위에 집중할 수 있어 두려움이 덜했을까요. 혼자가 아니란 사실이 힘이 되었을까요. 우리는 무사히 뭍을 밟았고 비로소 긴 한숨과 함께 웃음을 쏟았습니다. 더러는 눈물을 찔끔거리기도 했을 겁니다. 울며 웃으며 돌아보았을 때, 우리가 탈출했던 길 아닌 길은 밀물이 빠르게 지우고 있었습니다. 밀물이 그렇게 위험함을 난생처음 겪었던 아득한 어느 여름의 추억입니다.

 바다를 향해 질러대던 우리의 목소리는 수평선으로 물결처럼 번져갔겠지요. 왔다가 물러가고 또다시 들이치는 파도는 혹 그 여름을 기억할까요. 그 통쾌하던 느낌이 새롭습니다. 공포를 이겨낸 뿌듯함은 내 키를 한 뼘쯤 키우는 자양분이 되었겠지요.

 거기가 어디였는지, 그 시절 그대들은 어디에서 나처럼 늙어가는지. 나는 지금 휑하게 썰물 진 겨울 바닷가에서 밀물처럼 밀려오는 우리의 여름을 더듬습니다.

 추억은 떠올릴수록 고유의 생명이 주어지는 모양입니다. 희미하던 한 컷의 그림이 점점 선명해지더니 어느 순간 동사가 되는군요.

 그 여름의 어린 나에게 또 나와 함께 했던 우리에게 부칠 수 없는 편지 한 장 쓰고 싶어지는, 여기는 겨울 을왕리입니다.

추어탕을 끓이며

막냇동생이 주말에 오겠다고 했다. 그러고 보니 명절이 가깝다. '코로나 19'로 초비상 시국이지만 구순의 노모가 계시니 다녀가야겠다 싶은 모양이다. 함께 살았던 동생이어서, 그가 오는 날이면 나는 조금 설렌다. 추어탕을 끓이기로 했다. 손도 많이 가고 시간도 오래 걸리는 음식이어서, 좀체 엄두를 내지 못하는데 잘됐다 싶었다.

저녁 무렵 동생이 왔다. 겉옷과 두꺼운 마스크를 한편에다 얌전히 벗어놓고 화장실로 직행하더니 한참을 씻고 나왔다. 자신이 오염원일 수가 있어서 극 조심하는 중이라며 고개를 흔들었다. 종일 환자를 대해야 하는 입장이니 당연하리라.

동생은 땀을 닦아가며 거푸 두 그릇을 비웠다. 역시 누나

추어탕이 최고라며 늙은 누이를 추켜세우는데 민망했다. 내 솜씨라야 그저 식구 선사하는 정도일 뿐이다. 그가 괜찮은 수준으로 기억하는 건, 함께 살았기 때문일 게다.

처남 매부가 어우러진 술자리를 바라보는데 모습조차 아득한 아버지가 생각났다.

아버지는 언니와 나를 대학에 보내주겠다고 약속하셨다. 대신 남동생을 한 명씩 맡으라고 덧붙이셨다. 아버지 혼자 다섯을 공부시키기는 힘드니 그렇게 하자고. 이를테면 조건부 약속이었다. 젊디젊은 아버지는 어린 자식들을 앉혀놓고 그렇게 삶의 설계도를 그리셨다.

조건부 약속은 수시로 반복되었다. 여름날 달빛이 희붐한 평상에 드러누워서도 들었고, 논물 보러 가시던 아버지를 졸졸 따라가면서도 밑줄 쫙 친 듯한 그 구절을 복습했다. 망친 시험지에 도장을 받아야 할 땐, 집 대신 아버지가 근무하시던 면사무소로 갔다. 아버지는 빗금이 쭉쭉 그어진 시험지에 한숨과 함께 도장을 꾸욱 누르며 예의 조건부 약속을 낮게 언급하셨다.

가랑비에 옷이 젖듯 반복 학습된 약속은 구체적인 그림으로 자리 잡았고 나는 앞날을 고민하지 않았다. 팽팽한 바퀴를 힘차게 굴리기만 하면 되었다.

약속은 깨기 위해 하는 것이라고 누군가 말했다. 계획대로 되지 않는 우리네 삶을 빗대어 말한 것이리라. 여고생이 되던 해에 아버지는 황망히 돌아가시고 말았다. 대학은 헛바람이 되었고 방향 잃은 팽팽한 에너지는 엄마를 향한 미움이 되어버렸다. 다섯이나 되는 아이들이 모두 책가방을 들었는데 엄마는 밥만 했다. 종일 밭을 매든가 보따리 장사를 하든가, 옆집 아줌마처럼 일수놀이라도 하든가, 무슨 일이든 해야 할 텐데, 답답했다. 약속을 저버린 아버지를 원망하고 억척스럽지 못한 엄마를 미워하면서 나는 삐딱하게 커갔다.

　막냇동생이 수험생일 때 결혼하고 싶은 사람이 생겼다. 자취방에 혼자 두고 떠날 생각을 하니 삐딱 걸음을 걷던 나도 마음이 무거웠다. 엄마는 동생 고등학교라도 졸업시키고 가라며 주저앉히려 했지만, 기어이 내 뜻대로 하고 말았다. 타오르기 시작한 사랑은 어떤 설득도, 빈손으로 보내겠다는 으름장도 들리지 않게 했다. 엄마는 당장 자취해야 하는 동생이 걱정이었지만 나는 나이만 쌓고 있는 내 앞날이 더 무서웠다.

　그 무렵 나는 잿빛에 갇혀 살았다. 옷을 너무 칙칙하게 입는다고 동료들이 지적했지만 밝은 것은 자신 없었다. 밝게 드러나는 내 모습이 더욱 초라할 뿐이었다. 그런 나를 굳이 숨기지 않아도 되는 사람이 나타난 것이다. 게다가 그는 서울에 취직했다며 곧 상경한다고 했다. 서울이라니, 꿈에서도 생각 못한 도시였다. 내가 근무하던 곳은 군사 도시인 경남 진해의 소아과였는데 서울말을 하는 군인 가족이 많았다. 피부색부터 다른 그들의 말은 유리구슬처럼 빛이 났다. 그 서울에 둥지를 튼다는 유혹은 세찬 파도처럼 나를 흔들었고 나는 마음을 굳혔다.

그러자니 동생이 걸렸다. 헤어지면서 약속했다, 서울에서 만나자고. 열심히 공부해서 꼭 서울의 대학으로 진학하라 당부했다.

비빌 언덕 없는 서울살이는 팍팍했다. 월세방에서 시작한 옹색한 신혼살림, 내 선택이 성급했음을 깨닫는 데는 긴 시간이 필요치 않았다.

동생은 위기를 기회로 만들고 있었다. 누이의 출가가 죽비가 되었을까. 몸을 깨우고 정신을 가다듬게 하는 수행자의 죽비를 껴안고 그는 능력의 최대치를 찾아갔다. 상위권 즈음에서 맴돌던 성적이 최상위에 이르렀고 마침내 서울대학교 의대생이 되었다.

밀폐용기에 추어탕을 담아 내밀었더니 동생은 손사래 친다. 그러자 안방에 누워계시던 어머니가 '누나 말 들으라'고 야단치듯 말씀하신다. 목소리가 여느 때와 달리 높다. 아마도 솥단지째 막내아들에게 안기고 싶은 마음이 보태진 까닭이리라. 예예, 큰소리로 대답하며 웃는 동생의 입가에도 어느새 굵은 주름이 자리 잡았다.

  주재료인 미꾸라지 외에도 여러 가지 부재료를 한솥에 넣고 푹푹 끓여야 하는 추어탕은 모든 재료가 제 색깔을 버리고서야 비로소 깊은 맛을 낸다. 제 고집만 주장하기보다 서로 어우러질 때 맛을 내는 인생의 이치와 비슷하다면 지나칠까. 시간이 오래 걸렸기 때문인지 추어탕을 끓이며 생각도 길어진 하루였다.

5분 전 예고

 큰딸네는 방앗간을 운영하는데 명절 무렵이면 시골 농번기나 다름없다. 부지깽이도 거들어야 할 판이라 나도 열일 젖히고 걸음한다. 열흘쯤 도우미를 자처한 게 연례행사가 되고 있다.

 설 대목이라 딸네 머물고 있던 어느 날이었다. 삼 학년 동윤이가 할머니께 드릴 말씀이 있노라 말했다. 뜬금없는 극존칭에 두 손을 공손히 맞잡은 모양새가 심상치 않았다. 두통약을 찾다 말고 아이를 쳐다보았다.

 -할머니 언제 가세요?

 뜻밖의 물음이었다. 무방비 상태에서 한 방 얻어맞은 듯 벙벙했다.

 -왜, 지금 가랴?

나도 모르게 날 선 말이 튀어나왔다.

-아니 아니 그게 아니고요.

녀석이 당황한 듯 두 손을 흔들어댔다.

-그게 아니면 뭔데?

몰아붙이듯 물었다. 멈칫하던 아이가 말을 이었다.

-제가요, 할머니 때문에 좀 힘들어서요.

어렵쇼, 이 녀석 좀 보소. 힘들면 내가 힘들지 지가 왜 힘들어. 기습적인 물음에 나도 당황했지만 퉁명스러운 대꾸에 아이도 놀란 기색이 역력했다. 조손간에 팽팽한 힘겨루기 한판인가. 어이없지만 제 딴에는 별렀을 거라는 생각이 들어 한발 물러섰다.

목소리를 풀고 왜 힘든지 말해보라고 했다.

-할머니가요, 게임도 못하게 하고 자꾸 화를 내니까 제가 힘들어요.

역시 그 문제였다. 이 녀석들이 게임기에 아주 코를 박고 산다. 내버려두면 진종일 그럴 판이다. 보고 있자니 속이 부글부글 끓는다.

심상치 않은 기류를 감지한 둘째가 형의 등 뒤에서 눈을 깜박이더니 잽싸게 달려가 게임기를 끄고 동화책을 펼쳐 든다. 터져 나오는 웃음을 애써 참으며 머리를 굴려본다. 이쯤에서 합의를 봐야 면이 설 텐데 우째 수습하누. 아이 엄마는 대체

이 녀석들을 어떻게 키울까.

─엄마는 그렇게 게임을 해도 야단 안 치냐.

엄마라는 말에 녀석의 얼굴이 환해진다.

─엄마는요, 미리 시간을 정하고, 약속 시간 5분 전에 말을 해주세요. 그러면 준비하고 있다가 5분 됐다, 하면 꺼요.

아하, 5분 전 예고가 답이구나. 그래 매사 마음의 준비를 하는 시간이 필요하지. 속에서 천불이 날 때까지 째려보다가 뚜껑 열리기 직전에 당장 끄라고 소리 지르던 나와는 천지 차이였다. 무지한 할미가 그걸 몰랐구나. 기꺼이 백기를 들었다.

5분 전 예고제는 신선한 발상이다 싶었다. 딸도 여기저기서 주워들은 팁일 것이다. 그것이 다행스럽게도 아이에게 먹힌 모양이었다.

설 대목이 끝나기까지 며칠 더 머물러야 하는 동안 우리도 그렇게 하기로 합의했다. 조손이 손가락 걸고 도장 찍고 사인까지 했으니 이제 싸울 일은 없으렷다?

5분을 예고함으로써 시간 개념이 없는 아이는 마음 준비를 할 수 있을 터이다. 그것은 말 못 하는 애기에게도 해당되는 일임을 느낀 적이 있었다.

오래전, 작은딸네 아이가 뒤뚱뒤뚱 걷던 무렵 어느 날이었다. 종일 외가에서 놀다가 헤어질 때였다. 콜택시가 예상보다 빨리 와서 후다닥 나가게 되었다. 작별 인사를 나눌 겨를도 없이 갔는데 잠시 후 전화가 왔다. 수화기 너머로 자지러지는 아기 울음소리가 들렸다. 딸은 다급한 목소리로 '애가 인사를 제대로 안 하고 나와서 우는 것 같다'며 좀 달래 보라고 했다. 수화기에 대고 아가, 잘 가, 또 놀러 와, 안녕 빠이빠이, 사랑해. 천천히 또박또박 말을 이었다. 울음소리가 잦아들었다.

말 못하는 어린것의 또렷한 의사표시에 소름이 돋았다. 어린것이 뭘 알까 싶지만 말로 표현하지 못할 뿐이었다. 아기에게도, 실컷 놀았으니 이제 가자, 좀 있다 갈 거야, 5분 전 예고를 했으면 좋았겠다.

주먹구구로 아이를 키우던 옛날과 달리 요즘 젊은이들은 지혜로운 것 같다. 전문가의 정보를 쉽게 접할 수 있고 맘카페 같은, 또래의 공감대가 잘 형성되어 있어서 경험 없는 육아도 잘 하는 듯하다.

큰딸이 둘째를 출산하고 우리 집에 머물 때였다. 새사람이 태어났으니 친구며 친척들이 종종 드나들었다. 산모는 방문자에게 큰아이를 먼저 안아주라고 당부했다. 18개월인 첫째를 실컷 이뻐한 후에 애기를 보라고. 딸의 설명인즉 갓난쟁이는 아무것도 모르지만, 큰아이는 하루아침에 엄마를 빼앗

긴 상실감이 커서 상처받을 수 있기 때문이라고 했다. 방문자의 주목석이 아기여서 자칫 간과할 수 있는 부분이었다. 교육을 철저히 받은 남편도 첫째를 안아주고 업어주고 비행기 태우고 서울 구경까지 시키고 난 후, 그제야 생각났다는 듯 아기를 안아주곤 했다.

갓난쟁이 때부터 숱하게 봐온 녀석이 이제 머리가 굵어졌다고 할미한테 대들기도 한다. 그마저 신선하게 느껴지니 고슴도치 할미가 따로 없다.
"어이 손자, 어디서든 당당하게 제 생각을 말하고 상대방의 의견도 잘 들어 조율할 줄 아는 사람이 되거라."

골목 연가

여러 해 전 추석날이었다.

큰딸의 남자친구가 불쑥 찾아왔다. 잘 깎은 알밤 같은 얼굴에 말쑥하니 양복을 차려입은 앳된 청년이 어색하게 웃으며 떡 보따리를 내밀었다. 떡집 자제라더니 명절을 빌미 삼아 마음먹고 찾아온 모양이었다. 예고 없는 방문에 당황했지만 외려 마음 편케 귀한 손님을 보기는 했다.

문제는 들고 온 떡이었다. 혼자 먹자니 너무 많고 나누자니 참으로 부끄러운 고백이지만 떡을 돌릴 만큼 마음 트고 지내는 이웃이 없다. 별수 없이 한 주먹씩 묶어 냉동실에 넣으면서 나는 또 사라져 버린 우리 동네가 그리워진다. 실핏줄처럼 뻗어 있는 골목길, 그 골목골목에 있는 얼굴들이면 떡 한 상자쯤은 금방 동이 날 터이다.

지금은 사라진 서울 마포구 공덕동 74-8번지, 그곳은 가난한 남자와 가난한 여자가 만나 가정을 이루고 처음으로 장만한 집이었다. 그때가 오월 중순께였는데 집 앞 골목에 찔레꽃이 만개해 있었다. 구름처럼 피어있는 꽃과 난만한 향 그리고 미로 같은 골목길은 고향마을을 연상케 했고 나는 단박에 마음을 무장 해제시켜버렸다. 덕분에 정작 꼼꼼히 살펴야 할 집은 대충 봐 버리는 우를 범했다. 愚를 범했다고 했지만 실은 우리가 가진 돈으로 집 장만이 가능했기에 무엇보다 반가웠다.

서둘러 집을 계약하고 이사할 날을 손꼽아 기다렸다. 그러나 이게 웬일인가. 살던 사람이 이사 가고 도배를 하기 위해 집에 들어서는데 당혹스러웠다. 마치 화장을 지운 신부의 민낯에 악! 하고 놀랐다는 첫날밤 어느 신랑의 고백처럼 찔레꽃이 져버린 집은 초라하기 짝이 없었다. 결혼을 무르고 싶은 신랑의 심정이 된 우리는 어이없는 표정을 서로 숨기려고 애썼다.

그렇게 닻을 내린 그곳에서의 세월은 잠시 머물리라던 애초 계획과 달리 한없이 늘어졌다. 고만고만하게 살던 이웃들이 분당으로 일산으로 꿈을 싣고 골목길을 빠져나갈 때 나는 돌아서서 눈물을 훔쳤다. 잘 가시라 손만 흔들 뿐 내 짐을 꾸리지는 못했다.

사는 일은 만만치 않았다. 통장은 좀체 키가 자라지 않았고 예기치 않던 일은 곳곳에 복병처럼 숨어있었다. 남대문시장이 일터인 남편은 교통이 편한 것만을 줄기차게 구호처럼 외쳤고 그 남편을 미워하는 일도 내 주변머리 없음을 자책하는 일도 제풀에 지쳐 주저앉았다. 이런저런 이유로 달동네에서의 세월은 탄력 잃은 고무줄처럼 늘어지기만 했다.

개발의 바람이 전국을 휘몰아칠 때도 태풍의 눈처럼 고요하던 동네였지만 결국 사라졌다. 고만고만한 이웃들이 서로 기대며 살던 그곳은 서울역 근처여서 마부들이 많이 살았다고 했다.

골목마다 말똥이 떼굴떼굴 굴러다녔다는 이야기를 즐겨 들려주던 성도약국 할아버지 약사의 전설 같은 이야기 위에 내가 살던 시절이 또 하나의 전설이 되어 얹혔다. 골목마다 아이들의 웃음소리가 말똥처럼 굴러다니던 우리 동네는 이제 흔적조차 없다. 지금은 대단지 아파트가 자리하고 있다.

사월의 신부처럼 눈부신 꽃을 피워 연탄 공장을 환한 집으로 잠시 위로해 주던 목련도, 골목골목 향훈을 풀어놓던 라일락도 사라졌다. 목발을 짚고 다니던 철물점네 시동생이 골목 어귀에 앉아 목청껏 부르던 노래도 더는 들을 수 없게 되었다. 그가 즐겨 부르던 노래는 '사나이로 태어나서 할 일도 많다만…' 하는 군가였다. 특히 저물녘엔 어김없이 그의 노래가 들렸는데 소리 없이 다가오는 어스름 그림자와 노래가 쓸쓸한 동무가 되어 이 골목 저 골목을 기웃거리고 다녔다.

신체검사를 받던 청년이 보이지 않는 시력검사표를 외우면서 '꼭 가고 싶습니다.'라고 말하던 모 제약회사 광고가 있었다. 나는 그 장면을 볼 적마다 그 시동생을 떠올리곤 했다. 시어머니가 돌아가시면서 오갈 데가 없어진 시동생은 동갑내기 형수와 한솥밥을 먹게 되었다. 남편의 선택을 따를 수밖에 없었던 그녀는 이따금 그늘진 얼굴을 만들었지만, 그들은 함께 길 건너 어디론가 이사했다. 가끔 그 형수의 근황과 함께 그가 궁금해진다. 그는 지금도 못다 부른 노래를 부르고 있을까. 그에게 허락된 골목을 찾기는 했을까.

골목 입구에 있던 오토바이 가게의 개는 새끼를 다섯 마리나 낳고도 찬 우유에 빵 한 덩어리를 얻어먹고 있었다. 탈진한 개가 너무 가여워서 두어 번 미역국을 끓여주었다. 소고기 넣고 뭉근하게 끓인 미역국을 너무도 맛나게 먹는 산모를 외면할 수 없었다. 나는 산구완(?) 덕분에 새끼를 맘껏 만져보는 특권을 따냈다. 주먹만 한 생명이 눈도 뜨지 못한 채 어미젖을 물고 있는 모습이며 겨우 눈 뜬 고것이 배를 땅에 붙인 채 엉금엉금 기는 모양새는 보기만 해도 절로 웃음이 났다. 새끼들은 여기저기 입양이 되고 어미를 가장 많이 빼닮은 한 마리는 어느새 또 한 마리의 얼룩이가 되어서 모자가 사이좋게 골목을 지키다가 어디론가 갔다.

  너른 옥상을 밭으로 만들어 온갖 채소들을 가꾸던 형주네 마당은 동네 아낙들의 공동 작업장이었다. 나처럼 손재주가 없는 이는 실밥을 뜯고 손끝이 야문 이는 옷을 꿰매었다. 때로는 머리핀을 만들거나 전자부품 조립 같은 것도 했다. 수고비를 받는 날은 늘 먹던 국수나 비빔밥 대신 삼겹살 파티가 벌어졌다.

  일감을 한편으로 밀어놓고 삼겹살에 소주 한잔을 마신 젊은 아낙들이 어설프게 스텝이란 것을 밟으며 터트리던 웃음소리는 건강한 삶의 에너지원이었다. 햇살은 푸지게 쏟아졌고 우리는 젊었다. 젊고 건강한 몸이 재산일 뿐이던 우리는 서로에게 비빌 언덕이 되어주었다. 모양도 향도 다른 나물이 한데 어우러져 맛을 내는 비빔밥처럼 우리는 잘 어울려서 척박한 도심 한 귀퉁이에 힘차게 뿌리내리고 있었다.

  아이들은 엄마들이 수다 떨며 일하는 한편에서 저희끼리 자랐다. 미로 같은 골목이 놀이터였다. 골목길을 따라 내닫고 휘돌고 때론 도움닫기도 하며 스스로 자랐다. 산처럼 쌓이곤 하던 연탄재를 온통 부숴 놓은 동네 꼬맹이들이 먼지를 허옇게 뒤집어쓴 채 단체로 손 들고 벌서던 모습은 지금 생각해도 웃음이 난다. 벌을 세우던 이는 윤태 엄마였다. 그녀의 목소리가 골목을 따라 우렁우렁 퍼져나가면 개구쟁이들은 인기척에 놀라 튀어 달아나는 메뚜기처럼 이 골목 저 골목 숨기 바빴다.

생애 가장 왕성하게 활동하는 시기인 삼십 대와 사십 대 초반을 고스란히 보냈던 동네, 내 발자국으로 보도블록이 닳아도 닳았을 우리 동네 골목길이 눈에 선하다. 은미네를 지나 종혁이네 준영이네…….

그 골목 끝에는 흰머리가 유난히 눈부시던 지연이 할머니가 해종일 집 앞에 나와 앉아 있었다. 토란대며 들깨, 부추 등이 크고 작은 플라스틱 화분에 담긴 채 무질서하게 놓여있던 골목 끝에 노인은 또 하나의 화분에 담긴 식물처럼 동그랗게 앉아 있었다. 한번은 다니러 오신 시어머니께서 노인의 손을 덥석 잡으며, '아이고 우예 죽을랑교'라고 하셔서 내가 기절할 뻔한 적도 있었다. 어머니의 사투리를 노인이 못 알아들으신 것은 참으로 다행이었다.

내 아이들의 유년의 그림자가 골목골목 숨어서 언젠가 나타날 술래를 기다리던 우리 동네는 이제 없다. 고단함도 즐거움도 증폭되던 젊은 시절의 흔적도 전설이 되었다. 나는 비로소 실핏줄 같은 골목길이 내 정신의 피돌기를 원활하게 해 준 근간이었음을 깨닫는다. 미워라 하던 조강지처가 막상 가고 나면 그제사 비로소 소중함을 깨닫는 철 덜 든 홀아비의 심정이 이와 비슷할까.

누가 어떤 잣대로 누군가의 삶을 시시하다 할 수 있으랴. 빈한한 삶을 살았던 우리 동네 사람들은 누구도 세인의 눈길을 끌만큼 화려한 꽃을 피우지는 못했다. 그러나 무리 지어 피어서 비로소 은은한 아름다움을 발하는 들꽃처럼 팍팍한 세상을 그래도 살 만한 곳으로 만들어 가며 살았다.

있는 떡을 나누어 먹을 이웃 하나 만들지 못한 채 살아가는 나는 혹시 모세혈관 경화에 걸린 것은 아닐까 하는 생각이 들었다. 동맥경화만 심각한 게 아니다. 모세혈관이 힘차게 피돌기를 해야 동맥도 정맥도 활발하게 움직일 터. 이웃 간의 교류는 모세혈관의 피돌기일 테고, 이야말로 원활한 사회, 건강한 국가를 만드는 근간이리라.

수확의 계절이다. 이 가을이 가기 전에 겨우 눈인사만 하는 이웃들과 커피 한잔 나누는 자리를 만들어야겠다. 냉동실에 쟁여둔 떡을 말랑하게 녹여서 내놓으며 이웃사촌이라는 실한 수확을 꿈꾸어본다.

깜과 어머니

 강아지가 낑낑거리며 안방 문을 긁어댄다. 비가 올 모양이다. 남편이 깨기 전에 녀석을 진정시켜야 하는데 몸이 말을 듣지 않는다. 딸아이가 결혼하면서부터 찬밥 신세가 된 녀석이다. 마음 같아선 혼수에 얹어 보내버리고 싶었지만 맞벌이 신혼집에 차마 그럴 수 없었다.

 후드득 빗방울이 떨어지기 시작한다. 우리는 서로를 좋아하지 않지만 지금은 비상사태, 나는 녀석을 보호해야 하고 놈은 내 도움을 받아야 한다. 연신 하품하며 딸아이 방으로 들어가 썰렁한 침대에 몸을 누인다. 깜도 냉큼 뛰어오른다.

 그뿐, 녀석의 기척은 더 이상 없다. 이불을 들춰보니 발치께서 도르르 몸을 말고 누워있다. 마치 '주인께서 저를 좋아하지 않은 줄은 알지만 달리 의지할 데가 없으므로 의지는 하되 최소한만'이라고 말하는 것 같다. 묘한 기분이 들었지만 나도 스킨십은 내키지 않으므로 벽에 바짝 몸을 붙인다. 몽롱하던 정신이 점점 또렷해진다.

  어머님이 생각난다. 좁은 침대에서 최대한 거리를 두고자 애쓴 듯한 녀석을 바라보는데 왜 어머니가 떠오를까. 어쩔 수 없이, 살갑지 못한 며느리와 동거는 하게 되었지만 '최대한 폐가 되지 않으마.' 작정하신 듯했던 어머니.

  딸아이가 떠난 둥지에 어머니가 오시게 되었다.

  시골집을 지키며 혼자 사시던 어머니가 큰댁으로 합가한 것은 팔순을 훌쩍 넘기고서였다. 사이좋은 고부간은 아니었지만 쌓인 세월만큼 서로 마모된 덕분에 큰 마찰음은 없었다. 형님 덕분으로 온 가족이 한숨 돌리게 되었다.

  삶은 예기치 않은 일의 연속일까. 그해 겨울, 형님이 얼음판에 넘어지면서 갈비뼈가 부러져 장기입원을 하게 되었다는 소식을 전하면서 남편이 나를 쳐다보았다. 나는 전업주부도 아니고 체력도 부실한 사람이다. 한숨이 자꾸 나왔지만 방법이 없었다. 용기를 내는 대신 남편에게 말했다.

  -지극 정성으로 모시기를 바란다면 갈등이 커질 것이니 그냥 같이 삽시다.

  하루 이틀로 끝날 일이 아니기에 눈높이를 낮춰야 한다고 생각했다. 어머니는 이튿날로 비어 있던 딸아이 방에 짐을 푸셨다.

 그런데 어머니가 좀 이상했다. 여느 때와 달리 소리를 전혀 못 들으셨다. 보청기에 의존한 지 오래되었지만 저렇게 깜깜하지는 않으셨다. 이리저리 거처를 옮겨야 하는 작금의 사태가 고령의 어머니껜 견디기 힘든 스트레스였을 것이고 그 후유증이지 싶었다. 나는 어정쩡하게 선 채 그런 생각을 하고 있었다.

 남편은 달랐다. 보청기의 배터리를 점검하기도 하고 기기를 바꿔보기도 했지만 소용없자 어머니의 야윈 어깨를 흔들며 소리소리 질렀다. 왜 이러시냐고, 대체 언제부터 이러냐고 어머니를 다그치며 그는 온몸으로 울고 있었다. 눈은 충혈된 채 번들거리고 목울대는 금방 튀어나올 듯 꿈틀거렸다. 모자 사이에는 육친애의 뜨거운 피가 흐르고 있었다.

 딸이 결혼한 후 내 차지가 되어버린 강아지 때문에 갈등할 때 놈을 맡겠다고 나선 친구가 있었다. 당장 보내겠다고 딸에게 통보했다. 어미의 완강함에 눌려 얼떨결에 동조한 아이가 오밤중에 울면서 전화했다. 깜은 못생기고 고분고분하지도 않아서 사랑받고 살기가 어렵다. 남의 집에 가면 버림받았다는 충격 때문에 우울증에 걸려 죽을 것이다. 한번 인연

맺었으면 가족이다. 끝까지 책임져야 한다.

 나도 모르게 '깜은 내 운명' 해버렸다. 강아지에 대한 연민보다는 자식의 눈물에 마음이 흔들렸다. 예기치 못한 난관을 받아들이자니 내키지 않고 밀어내자니 여의치 않다. 이럴 수도, 저럴 수도 없어 고민할 땐 두통이 오지만 일단 예스, 하고 나면 갈등했던 순간들이 우습게 여겨질 때가 있다. 깜과의 관계가 그랬다.

 이번에는 '어머니도 내 운명' 할 차례인가 싶었다. 머릿속이 새까만 것 같다며 고개를 자꾸 흔드시는데 눈시울이 뜨거워졌다. 무엇보다 남편이 괴로워하는 모습을 보고 있기가 힘들었다. 가족이야말로 어쩔 수 없는 운명이리라.

 봄이 한창일 즈음, 며칠 집을 비울 일이 생겼다. 그동안 누님 댁에 가서 계시기로 먼저 의논한 후 어머니께 말씀드렸다. 반응은 예상 밖이었다. 벽에 몸을 바짝 붙인 채 남편을 쏘아보며 또 내쫓으려 하느냐고 소리 질렀다. 또 내쫓는다는 말이 가시처럼 박혔다. 오랫동안 계획했던 여행이었지만 다음 기회로 미루고 말았다.

 동거는 큰 부딪힘 없이 이어졌다. 애초에 극진히 모시지는 못한다고 선언한 덕분에 남편이 적극적인 역할도 했지만 정정하셨기에 모시기보다는 함께 살았다.

오히려 내 일을 거들어주셨다. 거실 청소며 욕실에 던져두는 남편의 양말도 빨아 너시더니 하루는 '내가 깡생이 씻겼다'며 웃으셨다. 씻자, 말만 해도 재빠르게 숨어 눈만 떼굴거리는 녀석인데 어머니의 완력을 당해낼 재간이 없었던가. 꼼짝없이 잡혀 목욕 당한 모양이었다. 억울한 듯 낑낑대는데 빨랫비누 냄새가 폴폴 났다.

깜은 차츰 어머니의 껌딱지가 되어갔다. 어머니가 한 뼘쯤 방문을 열어두셔서 자유로이 드나드는 특혜를 누리기에 이르렀다. 집안에서 키우는 강아지를 마뜩잖아하며 호통치고 밀어내실 땐 걱정이었다. 온종일 한 공간에서 각자의 언어로 시간을 보내야 하는 깜과 어머니가 친해진 건 참으로 다행이었다.

일 년여 우리 집에 계시다가 큰댁으로 가신 어머니는 목련이 눈부시던 어느 봄날 주무시듯 먼 길 떠나셨다. 연세는 많았어도 정정하셨기에 갑자기 떠나실 줄은 몰랐다.

황황히 장례를 치르고 일상이 시작되었다. 잠시였지만 함께 살았으니 딴에는 소임을 다했다 싶었는데 아니었다. 이름 붙은 날에나 얼굴 뵙는 것이 고작이던 지난 세월에 비해 함께 사는 동안 정이 들었을까. 집안 곳곳에서 때없이 어머니가 보였다.

이불 들추고 깜을 끌어당겨 안아본다. 뜻밖의 포옹이 어색한 듯 몸을 뒤흔들더니 이내 긴장을 푼다. 녀석의 체온을 온몸으로 느끼면서 어머니를 떠올린다. 왜 좀 더 살갑지 못했을까. 신산한 세월을 건너오신 것만으로도 충분히 위로받아 마땅했다.

추적추적 내리는 빗소리에 마음이 푹 젖어드는 밤이다.

몸값

 그 무렵 내 몸값은 고공행진이었다. 날마다 최고치를 경신하던 금값에야 비했겠냐만 늘그막에 몸값 오를 일이 생길 줄은 예상하지 못했다. 보다 체계적으로 스케줄을 관리하기 위해 다이어리를 장만했다. 내 기억력을 내가 믿지 못할 지경에 이르렀기에 바쁜 일정(?)을 차질 없이 해내려면 수시로 메모하고 검토하는 일을 반복해야 했다.

 바깥일을 접고 들어앉았을 땐 몸값 상승은 생각 못했다. 아침마다 출근하지 않아도 되는 편안함으로 허전한 마음을 달랬을 뿐이다. 산엘 다니고 글공부를 다시 시작하고 수다 떨고, 한동안 그저 그런 생활이 이어졌다. 미지근한 욕조에 몸을 담근 듯 편안하면서도 2프로 미흡한 기분, 정신이 번쩍 나게 차갑거나 몸이 오그라들 만큼 뜨거운 물이 그리웠다. 무위도식하는 기분이 몸까지 지배해 종일 몽롱한 상태로 보낼 즈음, 결혼한 딸이 지방으로 이사했고 그곳에서 출산하게 되었다.

오 년 만에 손자가 태어났는데 감동할 겨를이 없었다. 난산 과정에서 태변을 삼킨 아기는 서울의 대학병원에 입원해야 했다.

산모를 집으로 데리고 왔다. 품고 있던 아기를 병원에 두고 혼자 퇴원한 딸은 눈물바람이었고 나는 딸 앞에서 애써 의연해야 했다. 평소의 내가 아니었다. 자식의 걱정을 덜어주고 싶은 마음이 초인적인 기운을 불러오는 모양이었다. 몸은 파김치가 되어갔지만 마음은 뿌듯했다. 아기는 두 주 후에 퇴원했고 셋이 일가족이 되어 저들의 둥지로 떠났다.

도우미의 도움도 끝나 혼자서 아기를 키우게 된 딸은 실시간으로 전화했다. 토한다, 딸꾹질한다, 트림을 안 한다, 자꾸 운다, 하소연하며 울먹였다. 별일 아니리라 생각은 하면서도 마음이 급해진 나는 또 몸을 채근하며 집을 나섰다.

-엄마 오셨어요.

반색하는 표정과 나긋한 목소리, 깍듯한 예의에 잠시 어리둥절하다. 저 아이가 내 딸인가 싶다. 무뚝뚝한 경상도 아낙인 나는 딸과도 그리 살갑지 못하다. 따라서 우리 모녀는 적당한 거리를 유지한 채 서로의 개성을 존중해 주는 이를테면 아주 쿨한 사이이다. 그 딸이 어미가 되더니 눈빛이 달라졌다. 평소에 볼 수 없던 모습이다.

딸의 콧소리가 이어진다. 엄마가 해준 반찬이 최고라고 했다가, 엄마 없으면 어쩔 뻔했냐고 하다가, 친정엄마 안 계시는 아무개가 불쌍하다며 눈물을 글썽이기도 한다.

내 몸값이 휘청휘청 올라간다. '잘한다 잘한다 하니, 요강 닦아 찬장에 넣는다'더니 딸의 칭찬에 내 몸의 한계를 잊는 바람에 자꾸 현기증이 난다.

손자는 전생의 애인이네, 영원한 짝사랑이네 떠도는 말도 많지만 전생의 사랑이든 짝사랑이든, 더할 나위 없는 사랑이다. 어떤 사랑이 이보다 절절할까. 보드랍고 촉촉하고 살갑고 향기롭다. 참으로 맑고 순정한 사랑이다.

딸네 집에서 한 사나흘, 내 체력이 바닥 칠 즈음이면 남편이 나를 찾는다. 내가 필요한지 내 노동력이 필요한지 모호하지만 어떠하랴. 이렇게 요긴하게 쓰일 수 있는 건강한 몸과 주어진 시간이 고맙기만 하다.

친정어머니가 생각났다. 어머니는 일찍이 혼자되셔서 우리 오 남매를 키웠다. 그리고 교사였던 언니의 아이 둘을 더 키웠다. 조카들이 코 흘리고 아장걸음 걸을 무렵 어느 해, 내가 둘째를 낳게 되었다. 마침 여름방학이 시작될 때여서 어머니가 해산바라지를 해주셨다. 한 달이면 되겠지 했는데 더

위 때문인지 몸이 좀체 회복되지 않았다. 방학이 끝날 때가 되었어도 나는 몸을 추스르지 못했고 어머니는 애가 탔다.

언니도 나도 어머니의 손길이 절실했던 시기였다. 늘그막의 어머니 몸값이 최고조에 달했을 때였으리라. 팔순의 어머니는 이제 한가하다. 널널한 시간을 복지관에 다니며 소일하신다. 기타도 배우고 일본어 공부도 하고 요가도 빠지지 않으신다.

지금 상한가를 친 내 몸값도 머지않아 내리막길을 걸을 것이다. 지금은 예기치 못한 전성기를 맞이하였으니 이를 만끽해야지 싶다.

돋보기 쓰고 다이어리를 체크한다. 예방접종일 검진일 오십일, 백일, 내 일정이 아기와 겹치지 않은지 꼼꼼히 살피고 있다. 지금 내 손길이 절실한 딸을 위해 나는 기꺼이 후순위로 물러난다.

십여 년이 지나면서 '친정엄마 찬스'는 점점 줄어들었다. 틈만 나면 드나들던 친정 나들이도 훅 줄었다. 지금 내 몸값은 쭉쭉 빠진 주식처럼 하한가에 머물러 있다.

버선목 뒤집기

 남편의 고교 친구들 부부 모임이 있던 자리였다. 아내들이 대부분 동향에다 나이도 비슷해서 허물없이 지내던 터였다. 그날따라 새삼스레 서열정리가 필요했을까. 도토리 키 재듯 무슨 띠인가 밝히던 중이었다.
 내가 말띠라고 하자 딴지 거는 이가 있었다. 여고 후배였다. 한 해 후배인 그녀는 내가 당연히 용띠려니 했겠다. 선배인 내가 저보다 아래라니 납득할 수 없어 했다. 동갑 정도면 몰라도 그럴 수는 없다고 단호하게 말했다. 누군가가 낄낄대며 주민증 내놓으라고 하니, 주민등록이야 얼마든지 잘못 기재될 수 있다고 잘라 말했다.
 버선목이라 뒤집어 보일 수도 없고 난감했다. 문득 내가 정말 말띠인가, 용이 말 행세를 하는 건 아닐까, 그녀 말대로 호

적이 잘못되었을까, 여러 생각이 이어졌다. 용 흉내를 내던 세월도 떠올랐다. 나비가 되어 훨훨 나는 꿈을 꾸다가 깬 장자는 꿈속의 나비가 자신인지 현생의 자신이 나비인지 모호하노라 했다지만, 나는 이순이 넘도록 쌓아온 내 나이가 모호해지기 시작했다.

이참에 나도 헷갈리는 내 나이를 파헤쳐보기로 한다.

나는 조기입학했다. 여덟 살인 언니의 옆자리에 다섯 살인 내가 혹처럼 붙어 앉아 일 년을 보낸 모양이었다. 그 옛날 책걸상도 없던 산골 학교였다. 언니는 얼마나 끔찍했을까. 몰래 학교 가느라 까치발로 빠져나오면 어느새 대문 앞에 내가 서 있었다며 지금도 절레절레 흔든다. 언니가 이 학년이 되자 일학년 선생님이 교실 맨 앞자리를 내주었다고 했다. 여섯 살에 일 학년이 된 사연이다.

용들과 어울리면서 미끈한 말의 털을 뽑아내고 비늘을 붙여야 하는 고단한 작업이 시작된 것이다. 일 학년 '통신표'에 기재된 내 키는 98센티였다.

그때부터 앞자리는 내 차지였고 중학교 졸업 때까지 이어졌다. 고등학교 입학식 날이었다. 당연한 듯 맨 앞에 섰다. 서긴 했는데 내가 봐도 나보다 작은 친구가 여럿 보여서 당황스러웠다. 세련된 도회지 아이들이 저들끼리 웃고 떠들어대는 틈에 어정쩡하게 서 있었다. 잠시 후 담임이 중구난방을 정리하기 시작했다. 나는 선생님의 지시 따라 뒤로 뒤로 밀려가다가 중간쯤에서 멈추었다. 그러니까 내 키는 나이 때문에 제일 작았고 그 무렵이 폭풍 성장기였던 모양이다.

오랫동안 맨 앞줄만 지키다가 중간에 서게 되자 줄 맞추기가 어려웠다. 왠지, 앞에 선 친구들의 뒤통수가 내 눈에 다 들어와야 할 것 같았다. 그러자니 내가 한걸음 튀어나올 수밖에. 한동안 조회 시간마다 지적받는 얼뜬 짓을 했다.

체육 시간에 멀리 던지기 할 때였다. 내가 획 던지자 선생님이 호루라기를 불며 '오른손 먼저' 하셨다. 오른손으로 던졌다고 하니 한번 더하라고 했다. 혹시 왼손잡이인가 했던 선생님은 그것도 아님을 확인하고 어이없어하셨다. 나이가 부실(?)했기 때문이었겠다.

초등학교 동창회에서 만난 친구 아무개는 내가 얼마나 어리바리했는지 기억하고 있었다. 왼손과 왼발을, 오른손과 오른발을 흔들며 걸었단다, 내가. 그래서 맨날 혼났다고 덧붙였다. 몸개그도 아니고 왜 그랬을까. 친구는 코미디 프로에 그런 장면이 나오면 내가 생각났다며 시원하게 웃었다. 친구가 들춰내는 생생한 추억을 듣고 있자니 희미해서 형체가 보이지 않던 내 기억도 또렷해졌다.

이제는 말할 수 있다는 듯 친구들의 폭로가 이어졌다. 공부 시간에 볼일을 봐버리는 바람에 나를 집에 데려다주었다는 친구가 있었다. 금방 생각나지는 않더니 기억의 곳간 깊숙이 저장되어 있었을까. 조금씩 생각났다. 교실 바닥으로 흥건하던 물이며 누군가의 손에 끌려 어기적거리며 집으로 가던 장면 등이 흑백영화처럼 떠올랐다.

친구가 말했다. '니는 생각도 안 나제. 우리가 니를 키웠다.' 좌중은 웃음바다가 되었고 세월을 등에 업은 나도 목젖이 보이도록 웃었다. 이래저래 나는 고문관이었던 모양이다. 왕따 시키지 않고 토닥여준 벗들이 고마웠고 자칫 트라우마로 이어졌을 법한 기억을 까맣게 지운 내가 대견해지던 순간이었다.

늦은 나이에 남매를 키우던 여고 친구가 어느 날 전화로, 저를 언니라고 부르라 명했다. 아이를 키워보니 일 년이 얼마나 큰지 알겠다, 하물며 2년이라니, 어린것이 언니와 맞먹는다며 목청을 높이는 바람에 웃은 적이 있다. 사실 친구의 동생과 내가 동갑이다.

이만하면 버선목은 뒤집어졌겠다만 이번엔 내가 자기 연민의 늪에 빠지려 한다. 기우뚱거리며 언니들을 쫓아다니느라 얼마나 고달팠으랴.

아서라, 잘 자랐으니 되었다. 어거지로 붙여야 했던 용의 비늘을 후두둑 일시에 떼어낸 것이 언제인데. 잘 살았고 잘 늙어가고 있으니 이만하면 되·었·다.

나도 춤추고 싶었다

　문학기행을 갔을 때였다. 산정호수에서 하룻밤 묵고 날이 희붐하게 밝아올 무렵 숙소를 나섰다. 아침이면 사라진다는 물안개를 보고 싶어서였다. 더 일찍 나선 글벗 몇몇이 유영하듯 산책길을 걷고 있는 호수는 물안개가 구름처럼 피어올라 몽환적인 풍경을 연출하는 중이었다. 우리도 풍경의 일환이 되어 천천히 걷고 있을 때였다. 건너편에 있던 친구 서넛이 시선을 잡았다.

　춤을 추고 있었다. 명성산이 배경이 되고 호수와 물안개가 관객이 된 그들의 춤은 이른 새벽 알싸한 공기만큼이나 신선했다. 영화 〈그리스인 조르바〉의 한 장면이 떠올랐다. 지식인의 고뇌를 비웃으며 '지금, 여기'를 몸으로 노래하던 해변에서의 춤사위 한판, 친구들의 어설픈 몸짓이 너무도 자유롭게 보여서 조르바를 연상케 했다.

 나도 춤추고 싶었다. 물안개가 꾸며준 환상적인 무대에 화답하듯 덩실덩실 춤 한판 추고 싶었다. 그러나 그뿐, 내 몸은 움직여지지 않았다.

 남들이 춤출 때나 흥겨운 노래를 들을 때, 마음은 들썩이는데 몸은 움직여지지 않는다. 왜 그럴까, 나와 비슷한 과라 여겨지는 몸치 친구 몇 명에게 물어본 적이 있다. 그들은 마음도 덤덤하다고 했다. 음치는 선천적으로 타고난 사람과 그렇지 않은 형으로 구분하던데 혹시 몸치도 그럴까. 타고난 몸치와 후천적인 요인에 의해 몸치가 되어버린 경우로. 마음은 흥에 겨워 달뜨는데 몸은 요지부동, 당최 움직여지지 않은 이유는 무엇일까. 어쩌면 아득한 시절 그 일의 후유증인지도 모른다.

 산골 초등학교의 운동회는 마을 축제였다. 모처럼 일손을 놓고 깨끗한 입성으로 갈아입은 부모님 앞에서 갈고닦은 재주를 맘껏 뽐내는 날이다. 구경거리도 풍성했고 청백으로 대립하는 응원도 흥겨웠다. 그러나 뭐니 뭐니 해도 절정은 고전무용과 매스게임이겠다. 곱게 치장한, 고학년 여자아이들이 춤을 선보이는 시간이야말로 운동회의 꽃이었다.

 국민소득이 삼백 달러에 못 미치던 시절이었다. 한복과 꽃부채와 족두리, 곤봉과 하얀 운동복 등 춤을 추기 위한 소도구 장만은 사치에 가까웠으니 아이들이 여럿인 집은 난감했을 터였다. 이에 춤꾼 둘이 있는 집은 하나만 참여시키기로 방침을 정했겠다. 그 열외에 해당된 아이가 하필이면 나였다.

연습을 거듭해서 몸에 밴 춤을 관객이 되어 지켜봐야 했으니 얼마나 억울했을까. 어차피 무대에 세우지 않을 거 연습이라도 빼주었다면 서운함이 덜했을까. 굳이 참여시킨 건 과정도 중요하기 때문이겠는데, 과정만 참여했을 뿐 결과를 내보일 수 없던 어린 마음은 아무도 헤아리지 않았다.

나도 춤추고 싶었다. 꽃부채를 펼쳤다가 접으며 나풀나풀 춤추고 싶었다. 잘못도 없이 기회를 빼앗겼던 어린것의 마음을 들여다본다. 아이는 객석에 앉아 눈물 콧물 찔끔거리며 제 몸을 얼렸을까. 다시는 춤추지 않을 거야.

억지스럽기는 하다. 초등생의 앙심(?)이 뭐 그리 대단했으랴. 내가 타고난 춤꾼이라면 외려 훌륭한 자극이 되었겠다. 뾰족한 물체는 언제라도 뚫고 나오게 되어 있다. 이순이 지나도록 리듬을 타는 행위조차 어색한 것을 보면 타고난 몸치임이 분명한데 사설이 길었다. 들썩이는 마음과 달리 몸이 움직여지지 않은 이유 같지 않은 이유를 찾다 보니 여기까지 오게 되었다.

몸치가 길치와 연관이 있을 수 있다는 뇌과학자의 칼럼을 읽으면서 놀란 적이 있다. 내가 길치임은 자타가 공인하는 사실이므로 몸치로 타고났음도 인정해야 했다. 춤추고 싶다는 소망은 접는 게 옳겠다 싶어 씁쓸해지던 무렵 어느 춤꾼의 이야기가 쐐기를 박았다. '몸치는 왼쪽 다리만 두 개 있다고 보면 된다'라는 말을 듣는 순간 백기를 들 수밖에.

좌와 우를 구별하는 것이 뇌의 구조상 어렵다고 하니 몸이 생각대로 움직여지지 않은 건 어쩔 수 없는 일인가 보다. 어릴 땐 훈련으로 웬만큼 극복할 수 있다고 했는데 나는 애석하게도 기회를 놓친 셈이다. 승복할 수밖에 없지만 내겐 은밀히 숨겨둔 쌈짓돈처럼 흥이 남아 있다. 흥만으로 할 수 있는 것도 있다. 춤을 추는 데도 길을 찾는 데도 아무 도움이 안 되지만 자기만족은 최상이다. 흥이야말로 밋밋한 일상을 장식하는 토핑 같은 것이 아닐까 싶다.

언젠가 선배의 시 낭송회에 간 적이 있었다.

    어깨에 힘을 빼고 당겼다가 놓아주고
    바람이 채갈세라 잽싸게 당겨 안고
    봄바람 살랑대듯
    물결이 찰랑이듯

고전무용에 빠져 있던 '이섬' 시인이 한복으로 단장하고 춤과 함께 자작시를 낭송하는데 관객인 내 어깨가 절로 들썩였다. 여흥을 몰아 나도 춤 한판 신명나게 추고 싶었다. 고전무용을 배우겠다고 결심은 했다만 거기까지였다.

춤은 여전히 눈으로만 즐길 뿐, 즐길 수 있는 흥은 꼬부랑 할머니가 되도록 간직하고 싶다.

2

침엽수와 활엽수

상사화를 만나다

 활짝 핀 상사화를 만났다. 문우들과 함께한 여행지 안동 하회마을에서였다. 맨땅에 꽃대만 쑥 올라와서 조화 같은 꽃을 무겁게 매달고 있었다. 예쁘다기보다 희한하게 생긴 꽃이네 하며 팻말을 보니 상사화였다. '아 상사화' 나도 모르게 중얼거렸다. 마치 오래 그리워하던 얼굴을 우연히 마주친 듯 반가웠다. 지난겨울 여행지에서 보았던 새파란 잎에 대한 기억이 생생했던 것이다.
 상사화 잎을 본 것은 지난겨울이었다. 남도 여행 중이었는데 곳곳에 새파란 풀들이 눈길을 끌었다. 얼핏 보기에 맥문동 같았으나 맥문동은 아님이 분명할 뿐 아는 이가 없었다.
 담양 소쇄원을 둘러보고 나와서 한적한 시골길을 걸어 가사문학관에 도착했다. 담양의 영상 자료며 정철 작품집을 감상했다. 임금이라 해도 좋고 연인이라 해도 좋을 누군가를 그리워하는 애절한 마음이 글 전편에 흠씬 묻어나는 작품을 둘러본 후 점심을 먹기 위해 식당을 찾았다.

주문한 붕어찜을 기다리는 동안 이야기의 주제가 사랑으로 모아졌다. '편작이 몇이 온들 임 그리워 난 이 병을 고치겠느냐' 가사 문학의 백미로 꼽히는 사미인곡의 한 구절을 읊으며 친구가 그런 사랑 한번 해봤으면 좋겠다고 주름을 가득 만들며 웃었고 모두 동감이라고 입을 모았다.

사랑에 관한 한 나이가 무색한 모양이다. 어쩌면 우리는 편작도 어찌할 수 없는 사랑이라는 병을 앓기엔 너무 늙어버렸음을 인식하는 까닭에 더욱 사랑을 예찬하는지도 모른다. 무언가를 예찬하는 것은 이미 그 무언가로부터 멀어졌음을 인식하는 순간부터 비롯되지 않을까. 공기 중에 있을 때 공기의 고마움을 모르는 법이다.

음식이 나오기를 기다리는 시간이 길어지자 나는 뒷산이 병풍처럼 둘러진 식당을 기웃거려보았다. 드물게 정갈했다. 대게 앞은 깔끔해도 뒤란은 너절하기 십상인데 이 집은 구석마다 방금 이발한 소년의 뒤통수처럼 말끔했다. 주인의 부지런함을 짐작하며 해찰하던 중 뒷산에 가득한 풀들이 새파란 데에 눈길이 멎었다.

계절은 바야흐로 겨울 초입을 지나고 있었다. 활엽수는 잎을 떨군 지 오래되었고 침엽수조차 맵찬 바람에 얼어붙어 검푸른 가운데 유독 여름 풀색 그대로인 그것의 이름이 다시 궁금해졌다. 주인아주머니께 물어보니 상사화라고 했다.

 상사화라는 것을 안 일행이 후덕해 보이는 주인아주머니께 한 뿌리만 달라고 청을 넣었다. 아주머니는 흔쾌히 호미를 들고 나오더니 여기저기서 한주먹씩 캐냈다. 모두 몇 뿌리씩 소중하게 받아들었지만 나는 사양했다. 상사화라는 단어가 풍기는 애절함이나 안타까움 같은 것이 왠지 내키지 않았다.

 -열애 중인 처녀 총각이 있었다. 그들의 사랑은 신분 차이라는 이유로 인정 받을 수 없었다. 남자는 끝내 집안 어른들을 설득하지 못한 채 타관의 처녀와 결혼식을 올렸다. 결혼은 했으되 마음은 정인을 떠나지 못했던 남자는 아내를 피해 다녔다. 안방과 사랑채에 각각 기거해야 했던 그들은 이름뿐인 부부였다. 아내는 보기 드문 미인이었다. 저 고운 여자를 왜 저렇게 피하는지 모를 일이라고 사람들이 수군거렸다.

 아내가 사랑채로 몰래 기어든 날 남자는 진저리치며 여자를 밀어냈고 다음날은 방문을 안으로 걸어놓더라고 했다. 자신을 외면하는 남편이 그리도 좋았을까, 아니면 오기였을까, 여자는 그 남자와 딱 열흘만 오순도순 살아봤으면 좋겠다는 말을 뿌리고 다녔다. 말이 씨가 되어 소원을 이룰 수 있으면

하는 바람이 있었으리라. 몇 해가 속절없이 지나가고 결국 여자는 친정으로 돌아갔다.

　남자는 기다렸다는 듯 옛사랑과 해후했다. 질긴 인연에 마침내 집안 어른들도 손을 들었다. 한 여자의 어처구니없는 희생을 딛고 또 하나의 상사화 같던 사랑이 이루어진 것이다. 그러나 그들의 사랑 또한 순탄치 못했다. 어린 남매와 그토록 원하던 여인을 남겨놓고 남자가 세상을 떠나버렸다.

　이것은 사춘기 무렵 내가 지켜본 어떤 사랑 이야기다. 담임 선생님보다 더 예뻤던 그 여자가 조금씩 정신을 놓고 있다고 어른들이 수군대는 것을 들으며 누구에게랄 것 없이 화가 났다. 결혼한 지 여러 해가 지났지만, 자신은 처녀라고 까르르 웃으며 여자는 조금씩 변해갔다. 점차 화장이 짙어졌고 머리에 꽃핀이 늘어났다.

　어린 나는 그 남자가 너무 미웠다. 그땐 그가 밉기만 했는데 이즘 생각해 보면 그 또한 머리와 마음이 따로인 자신이 얼마나 답답했을까. 그의 마음고생이 수명을 단축시켰을 수도 있었으리라. 우매한 집안 어른들이 젊은이 셋을 돌이킬 수 없는 불행으로 몰아넣었다.

　사랑한다면 어떤 경우든 꽉 잡고 놓지 않을 일이다. 남자는 어떻게든 집안 어른들을 설득해야 했다. 그것이 여의치 않으면 사랑을 꿰차고 도망이라도 갔어야 했다. 한 남자와 두 여자, 서로 얽힌 상사화 같은 사랑, 그것은 작품에서나 만들어지는 것이어야 한다. 현실에서의 상사화 사랑은 엄청난 비극일 뿐이었다.

 보편적인 꽃의 형태를 갖추지 못한 탓일까. 왠지 청승맞아 보이는 하회마을의 상사화 네댓 송이를 보며 남도의 상사화를 상상해 본다. 온 산을 수놓을 상사화는 무리 지어 피어서 더 이상 안타깝지도 애절하지도 않을 것 같다. 어찌 이루지 못한 사랑만이 전부겠는가. 안타까운 사랑으로 휑해진 가슴에 또 다른 사랑을 담을 수도 있겠고 따뜻한 우정으로 마음을 데울 수도 있으리라.

침엽수와 활엽수

 해가 기울고서야 휴양림에 도착했다. 울창한 숲 사이로 난 오솔길로 천천히 진입하는데 어둑발이 성큼성큼 다가왔고 이내 경계가 스러졌다. 낯선 숙소에 들어서니 물소리가 기다렸다는 듯 반겨주었다. 웅장한 소리에 끌려 창문을 열어젖혔다.
 창밖은 시내에서는 볼 수 없는 깜깜한 어둠이었다. 문득 저 속에 스며들고 싶다는 생각이 들었다. 모든 걸 덮어버린 어둠은 엄마 품속인 듯 편안할 것 같다. 저 끝없는 관용 속에서는 나도 자유로울 수 있지 않을까. 조금은 여유로워진 마음을 숨기며 남편의 움직임을 훔쳐본다. 그는 여전히 묵언 수행 중일까. 겉옷을 벗어 반쯤 드러난 살집 없는 등은 단단한 벽 같다. 눈치 없이 다가갔다가는 저만치 튕겨 나가지 싶다.
 하릴없이 밤하늘의 별을 세고 있자니, 갑갑함이 목젖까지 차오른다. 억지로 입을 다무니 귀가 더욱 크게 열리는지 천지에 물소리가 넘쳐, 선 자리가 둥둥 떠내려갈 것 같다. 폭포 아래 선 소리꾼처럼 목이 터지도록 '말'을 토해내고 싶다.

간단한 저녁상을 말없이 물린 후 남편은 비로소 입을 열었다. 자신의 말이 끝나기 전에는 한마디도 하지 말 것을 명했고 나도 순순히 응했다. 나도 그러리라, 다짐하고 있던 터였다.

'사건'이 터진 후 우리는 한번도 조근조근 이야기를 나누지 못했다. 입을 열면 화부터 났고 서로 성질내기 바빠서 이성적으로 대화하기 어려웠다. 아니다. 나는 종로에서 뺨 맞고 애먼 남편에게 화풀이해대고 있었다. 돌아서서 후회하면서도 내 감정이 끓어올라 만만한 그에게 쏟아붓기 급급했다.

그즈음 지방에 사는 큰딸이 몸을 풀었다. 나는 지옥을 탈출하듯 딸네로 잠입했고, 사건 해결은 그의 몫이 되었다.

두어 번 헛기침을 한 후 남편이 말했다. 몇 차례 재판 끝에 합의 봤으니 더는 신경 쓰지 말라고. 이제 다 끝났으니 걱정할 거 하나 없다며 목소리에 힘을 주었다. 거기까지 말했을 땐 고맙고 든든했다. 그는 말을 이어갔다. 대출을 조금 받았는데 이참에 이사를 하자고 했다. 말끝마다 마누라의 건강을 걱정했기에 눈물이 핑 돌던 감동이, 집을 팔자는 대목에서 얼어붙어버렸다. 이사는 오래전부터 하고 싶었지만 이렇게는 아니었다.

휴양림으로 오는 중에 보았던 산불 현장이 떠올랐다. 수십 년 혹은 수백 년 사 온 나무들이 하루아침에 재가 되어버린 참담한 산, 내 꼴이 그와 같다는 생각이 들었다. 못 먹는 술을 거푸 마시며 횡설수설하다가 잠이 들었다. 어쨌거나 실상을 알았고 해결 방법까지 인지했으니 마음이 편했을까. 푹 자고 일찍 눈 뜬 나는 곤히 자는 남편이 깰까 조심스레 방문을 열었다.

일출이 시작되고 있었다. 동쪽 하늘 가득 먹구름이 돌개바람처럼 휘돌고, 아침노을은 겹겹의 어둠을 밀어내느라 온몸이 불덩이가 된 채 사투를 벌이는 중이었다. 금방이라도 불쑥 떠오를 것 같은 해는, 그러나 좀체 먹구름을 뚫지 못했다. 내 잘못은 없기에(?) 금방 해결될 줄 알았던 사건은 좀체 끝나지 않더니 결국 먹구름에 잠식당한 꼴인가. 지쳐 보이는 노을이 내 모습 같아 서둘러 시선을 거두었다.

숲속으로 이어진 정갈한 오솔길을 따라 얼마쯤 걸었을까. 툭툭, 열매가 떨어지듯 굵은 빗방울이 떨어진다 싶더니 금세 퍼붓듯 쏟아졌다. 땅이 젖고 풀이 젖고 나도 흠뻑 젖어버렸다. 순식간이었다. 예기치 못했던 비를 고스란히 맞고 있자니 당황스러웠지만 이내 시원했다. 온몸에 묻어 있던 오물이 씻겨나가나 싶더니 발바닥에서 뿌리가 내리는 것 같았다. 비가 일깨우는 제각각의 소리와 향과 몸짓이 어우러진 숲속에서 나는 한 그루 나무처럼 서서 상념에 빠져들었다.

예기치 못한 사건이었다. 내 이름을 내건 사무실에서 종업원을 빙자한 동업자가 고의적인 금전 사고를 내고 구속되는 일이 터졌다. 뉴스에서나 보던 일이었다. 알고 보니 그는 사기전과가 수두룩했다. 계약금 선에서 사건이 불거진 건 천만다행이었다. 그 무렵 큰딸이 손자를 낳았고 나는 산구완 핑계를 대며 딸네로 숨었다.

갓난쟁이를 들여다보고 있노라면 속세의 시름은 남의 일이었다. 송사가 진행 중인 현실이 때 없이 떠올랐지만 배짱도 생겼다. 품에 안고 있는 아기가 세상의 전부인 듯 입꼬리가 절로 올라가는 판에 그따위야 뭐, 될 대로 되겠지 싶었다. 힘주어 안으면 부서질 것 같은 여린 아기가 내뿜는 에너지의 위력은 대단했다. 그 덕에 불안감은 많이 가셨지만 딸네서 보내는 날들은 태풍의 눈처럼 위태로운 평온이었다.

바람이 몰아치니 활엽수가 온몸을 흔들어댔다. 마치 감정을 제어하지 못한 사춘기 아이가 제풀에 펄펄 뛰는 듯했다. 같은 위치에 있건만 침엽수는 침착했다. 바람길 따라 조금씩 몸을 움직일 뿐, 의연했다. 내가 활엽수라면 남편은 침엽수일까. 울울창창한 휴양림의 저 침엽수처럼 마르고 키가 큰 남편은 실수가 드문 사람이다. 따라서 타인의 실수에는 인색한 편이다. 뾰족한 외양 그대로 대인배는 아니지만 성실함을 인정받는 건강한 사회 구성원이다.

반면 김징이 헤픈 나는 삭은 바람에도 내키는 대로 펄럭인다. 더펄더펄 실수도 잦고 중얼중얼 어린아이처럼 변명도 길다. 침엽수와 활엽수가 어우러진 비바람 치는 숲은 만감을 교차하게 했다. 세상 무서운 줄 모르고 더펄거렸던 나는 얼마나 한심한 마누라였던가.

쏟아지던 비는 시나브로 잦아들었다. 예고 없이 들이닥친 비바람에 긴장했던 숲이 다시 평온을 되찾았다. 제풀에 펄펄 뛰던 활엽수도, 품위를 지키려 안간힘 쓰던 침엽수도 제자리로 돌아왔다.

나는 붙박인 듯 서서 침엽수를 바라보았다. 거기에 감정을 절제하려 애쓰며 안으로 삭이려는 남편이 보였다. 셔츠 깃이 나달나달해지도록 새옷을 밀어내는 사람인데 적지 않은 돈을 허망하게 내다 버려야 했으니, 그러고도 저 잘났다 뻗대는 마누라를 보고 있어야 하니 그 속이 어떨까.

휘몰아치는 비바람은 내 안에 무질서하게 돋아난 잡풀들을 쓰러뜨렸다. 쉽게 마음을 풀지 못하는 소심함이 남편의 단점이라면 경솔하게 화를 내지 않는 것은 얼마나 큰 장점인가. 한걸음씩 내딛는 우직함이 답답해서 비난도 서슴지 않았던 나. 과소평가했던 그의 성실함이 산처럼 높아 보였다. 보다 성숙한 동반자가 되어 그의 쓰린 속을 어루만져주라고,

비바람이 후려치며 일러주었다. 돈 잃고 속 좋은 사람 어디 있을까. 젖은 몸은 무거웠지만 마음은 가뿐해졌다.

  그래, 이사하자. 길이 끝난 곳에서 또 길이 시작된다고 했다. 불타버린 처참한 산에도 시간이 지나면 풀도 자라고 나무도 자라겠지. 불에 탄 재가 거름이 되어 더 비옥한 숲이 될 수도 있을 것이다. 아이들도 독립했으니 이참에 묵은 살림살이 확 줄이고 변두리 공기 좋은 동네로 둥지를 옮기자. 그의 말처럼 인생 공부했다 치고 털어버리자, 훌훌.

  침엽수와 활엽수가 어우러진 젖은 숲에 먹구름을 밀어낸 햇살이 환하게 비추었다.

감 이야기

땡감을 샀다. 지리산 자락 어느 마을에서 해와 바람과 비를 맞으며 익어갔을 감이 먼 여정에 지쳤을까. 왠지 풀이 죽어 보이는 것을 탈출시키듯 와르르 쏟는다. 감은 어리둥절한 채 낯선 거실 바닥을 구르며 일시에 감 농장을 연출한다. 푸지다. 잘 차려진 생일상 앞에서 먹지 않아도 배가 부르다던 아이처럼 흡족해진다.

단감이냐고 묻는 어머니께 땡감이라고 하니 '떫은 걸 우짤라꼬 이래 마이 샀노' 걱정하신다. 떫은 감의 변신은 필수, 나는 가장 쉬운 방법을 선택한다. 목욕재계시킨 감을 떡국떡 썰듯 숭덩숭덩 썰어서 가을볕에 널었다. 그것으로 내가 할 일은 끝났다. 저들은 따가운 볕에 스스로 몸을 말리며 옹고집 같은 떫은맛을 단맛으로 승화시킬 터이다.

그것도 일이라고 허리가 뻐근하다. 쭉쭉 스트레칭하며 베란다를 바라본다. 한 상자 모두 널었더니 주황빛 속살을 드러낸 땡감이 만개한 꽃송이 같다. 가을볕이 아까워서 이것저것 널어 말리기를 즐기는데 오늘 풍경이 압권이다. 사진을 찍어서 친정 단톡방에 올렸더니 모두 반색한다. 사진 한 장에 끌리듯 어린 날로 돌아가서 제각각 추억을 소환하느라 분주하다.

고향에는 감나무가 많았다. 지금은 '얼음골 사과'로 명성이 드높지만, 옛날에는 감이 대세였다.
우리 집에도 감나무가 있었다. 대문 옆에 수문장처럼 서 있던 늙은 감나무는 드나드는 우리를 배웅하고 반겨주었다. 막냇동생이 그것은 자기 나무였노라고 하며 긴 '썰'을 풀었다.
심심할 때마다 나무에 올라갔다며, 넓어진 시야로 사방을 둘러보고 있으면 기분이 좋았노라고. 높은 곳에서 떨어지다가 아래 가지에 걸린 덕에 살았다는 일화도 실토했다. 감나무는 가지가 약해서 잘 부러지는데 철부지가 그렇게 아찔한 짓을 한 모양이었다. 막내가 자기 나무라고 하자 모두 질 수 없다는 듯 한마디씩 거들었다. 그랬다. 키 큰 감나무는 수문장이었고 수호신이었다. 우리가 자라는 모습을 수굿하게 지켜보았을 늙은 나무, 지금도 있을까.

나무에서 저절로 익은 홍시 맛도 거론되었다. 그것은 시중에서 파는 것과는 차원이 달랐다. 지금은 맛보기가 어려워졌기에 '불홍시' 맛이 그립다는 누군가의 말에 모두 공감을 표했다. 깨진 감은 툭툭 썰어서 장독대에 널었다. 겨우내 군것질거리로 훌륭했으련만 저장은 고사하고 마를 새도 없이 사라졌다. 한창 성장 에너지를 뿜어대던 입이 다섯이었으니 남아나는 게 없었다.

어느 겨울방학 때, 근동의 동무 집에 놀러 갔다가 놀란 적이 있었다. 감말랭이와 고구마 말랭이가 그득 담긴 대소쿠리를 통째로 내미는데 깜짝 놀랐다. 이 맛난 것이 이렇게 많이 남아있다니, 충격이었다. 대소쿠리를 독차지할 수 있던 그가 얼마나 부럽던지.

감 이야기를 하자면 가로수 감나무도 빼놓을 수 없다. 남명으로 가는 신작로 양쪽으로 하늘을 찌르듯이 미루나무가 도열한 가운데 감나무 네 그루가 끼어있었는데, 우리 논에 접해 있었으므로 누가 봐도 우리 나무였다.

가로수 감은 익기도 전에 악동들의 눈총에 시달렸다. 먹거리가 귀하던 시절, 탱자만 한 풋감도 아이들의 돌멩이 세례에 생살이 터져나갔다. 온몸 가득 떫은 물을 무기처럼 품고 있어도 제 몸을 보호하지 못했다. 극성맞은 하굣길의 아이들이 얼마나 돌팔매질을 해댔던지 가을걷이가 끝나고 드러난 논바닥은 자갈밭이 되어 있었다. 그대로는 쟁기질이 어려웠고 돌멩이 수거 작업은 우리의 연례행사였다.

가로수 감은 이른 수확이 불가피했다. 한여름이 지나고 감꼭지에 주황빛이 설핏 돈다 싶으면 한 그루씩 순차적으로 땄다. 커다란 항아리는 부엌방의 아랫목을 차지했고 따끈한 소금물에 떫은 감을 품어 안고 장고에 들었다. 항아리의 맨살이 드러나지 않게 두꺼운 담요를 몇 겹이나 두르고도 또 이불을 푹 뒤집어씌웠다. 바야흐로 숙성의 시간에 든 것이다. 어머니는 호시탐탐 기회를 노리는 우리에게 접근금지를 명했다.

어머니는 솜씨 좋게 감을 삭였다. 너무 뜨거워도 과육이 익어버리고 너무 식으면 삭지 않기에 소금물의 농도와 온도 유지가 관건이었다. 항아리는 진통하듯 2~3일쯤 땀을 흘렸다. 이윽고 떫은맛이 빠진 달짝지근한 감이 쏟아졌다. 아름다운 숙성이었다. 지켜보던 우리의 함성도 드높은 가을 하늘로 퍼져나갔으리라.

집안의 늙은 감나무는 가장 늦게 수확했다. 설익어 따야 했던 가로수 감과는 달리 충분히 익은 후라서 인위적인 숙성이 필요치 않았다. 항아리에 켜켜이 담아두기만 하면 삭막한 우리의 겨울을 달콤하게 위로해 주었다.

가을볕이 넉넉한 날, 시나브로 떫은맛을 빼고 있는 땡감을 보며 땡감 같은 내 글을 떠올린다. 떫은 글을 잘 숙성시킬 묘안은 없을까. 풍성한 가을볕에 내다 널면 저절로 숙성될까, 실없는 생각을 비웃듯 가을바람 한 자락이 창을 흔들며 지나간다.

다시 나팔꽃을 심으며

완연한 봄날, 서랍 속에 갈무리해둔 꽃씨를 꺼내 본다. 태풍이 휩쓸고 간 들판에서 만났던 야문 씨앗이다. 어쭙잖은 이유로 등 돌렸던 친구에게 화해를 청하는 마음으로 다시 시작하는 나팔꽃과의 인연을 떠올린다.

어릴 적 시골집에는 꽃이 많았는데 토담 위로 무리 지어 피던 나팔꽃의 기억은 지금도 선연하다. 잠이 깨지 않아 멍하니 앉아 있던 아침, 정신이 번쩍 들게 하던 꽃이었다. 그들과 시선이 마주치는 순간 어디선가 경쾌한 나팔 소리가 들리는 듯했고 잠은 일시에 달아났다.

결혼 후 처음으로 내 집을 갖게 되었을 때, 꽃밭 자리가 없어 아쉬웠다. 달동네 무허가 집은 마당이 없었다. 두어 평 남짓한 옥상은 빨래 널기도 빠듯했지만 계단이 가팔라서 물통을 들고 오르내릴 자신이 없었다. 나는 꼭 해야 할 숙제를 더는 미룰 수 없게 된 아이처럼 꽃씨 뿌릴 공간을 찾아 서성댔다. 어느 날 남편이 대문 밖을 가리켰다. 담장 옆 쓰레기 덤불을 젖히니 건장한 남정네 등판만 한 땅이 보였다.

묵은 쓰레기를 치우고 나팔꽃을 심었다. 물 주고 거름 주며 정성을 기울였더니 보답하듯, 덩굴손을 뻗으며 밋밋한 담장에 싱그러운 벽화를 그려나갔다. 잠 덜 깬 아이들을 앉혀놓고 사진도 찍으며 그해 여름은 참으로 흡족하게 보냈다.

큰딸이 4학년 때였을까. 여름방학 숙제로 '나팔꽃에 관한 연구'라는 제목으로 관찰일기를 썼다. 꽃이 언제 피고 지는지, 하루에 몇 센티 자라는지, 덩굴손은 어느 쪽으로 감는지 살피고 줄기의 단면을 잘라 확대경으로 들여다보기도 했다. 아이는 그 과제물로 상을 받고 뛸 듯이 기뻐했다.

해를 거듭하는 동안 나팔꽃은 낡은 골목을 명품 길로 만들어 갔다. 야쿠르트 아줌마는 이 골목에 들어서면 절로 다리쉼하게 된다며 활짝 웃었고, 아침잠이 없는 앞집 할머니는 물 주기 담당을 자청하며 흐뭇해하셨다. 짜장면을 시킬 때도 나팔꽃 집이라고 하면 통했다.

한번은 나팔꽃 앞에다 코스모스를 몇 포기 심었다. 여름 지나면 소임 다한 나팔꽃을 재빨리 거두어 낸 후 코스모스 앞세워 가을맞이할 요량이었다. 그러나 그뿐이었다.

그해 봄, 나는 느닷없이 나타난 병마와 맞닥뜨렸다. 그는 무지막지한 힘으로 단숨에 나를 제압했고 간신히 집과 병원을 오갈 뿐이었다.

어느 날 오랜만에 꽃밭을 들여다보다가 깜짝 놀랐다. 나팔꽃이 기세등등, 덩굴손을 휘두르며 코스모스를 옥죄고 있었다. 억센 손아귀에 갇힌 채 시들시들 죽어가는 코스모스를 보는 순간 울컥했다.

병원을 드나드는 동안 애써 누르고 있던 감정이 일시에 터져버렸다. 슬프고 안타깝고 무섭고 화가 났다.

내 안에 뿌리내리고 기세 좋게 세력을 넓히고 있던 것이 덩굴손인 듯, 코스모스에 내가 투사되던 순간이었다.

떨리는 손으로 덩굴손을 꺾었지만 끈질김의 상징처럼 손으로는 어림없었다. 전지가위를 들고나와 자르다가 아예 뿌리를 뽑아 던져버렸다.

비로소 긴 숨을 몰아쉬는 코스모스의 젖잎을 떼고 수형을 잡아준 후 물을 듬뿍 주었다. 이제 괜찮을 거야. 해와 바람을 맘껏 받으며 살도 찌우고 꽃도 피우렴. 할 수 있어, 할 수 있고말고. 내가 도울게. 코스모스가 화답하듯 몸을 흔들었다. 나는 두 번 다시 덩굴손을 보고 싶지 않았다.

세월은 강물처럼 흘러 관찰일기를 쓰던 딸아이도 내 품을 떠났다. 지난여름 딸이 출산했고 해산바라지하느라 시골의 딸네 집에 머물게 되었다.

딸이 낳은 아기를 맘껏 끌어안을 수 있는 나날은 내 삶의 절정 같았다. 세상에 나 혼자 할머니라는 빛나는 관을 쓴 것처럼 각별했다. 게다가 아침이슬 적시며 들길을 걷는 일로 하루를 열 수 있어 즐거움이 더했다.

태풍이 지나간 어느 아침이었다. 밤새도록 몰아친 폭풍우는 즐겨 걷던 길을 지워버렸고 온전한 작물도 남기지 않았다, 여물기를 기다리던 벼는 쓰러져 황토물에 잠겼고 수확을 눈앞에 둔 고추밭도 가지가 부러지고 찢기어 처참했다. 들판의 평화로운 풍경에 마음을 빼앗기고 있던 터라 내 손으로 가꾼 농작물을 보듯 안타까웠다.

무거운 기분으로 걷다 보니 저만치 마을이 보였다. 무심히 동네 어귀로 들어서다가 걸음을 멈추었다. 옥수수가 큰 키를 온전하게 유지하고 있는 텃밭 풍경이 눈길을 잡았다. 나팔꽃의 덩굴손이 옥수숫대를 야무지게 잡고 잡아서 태풍에도 쓰러지지 않도록 지지대 역할을 하고 있었다. 둘이 한 몸이 되어 태풍을 이겨낸 현장은 감동이었다. 폐허가 된 들판에서 만난 온전한 풍경이라 감동이 증폭했다. 옥수숫대를 휘감고 올라가 환하게 핀 나팔꽃은 힘차게 나팔을 불고 있는 듯했다. 태풍의 횡포로 망연자실해 있는 들판으로 응원가가 멀리 멀리 퍼져나갔다.

  길을 걷는 내내 옥수수와 덩굴손의 잔영이 떠나지 않았다. 나는 덩굴손이었을까. 남편에게 기대어 그를 친친 감으며 살아왔을까. 그랬다. 그는 내가 기댈 수 있게 허리를 내주었다.

  때론 그가 나를 감을 때도 없지는 않았겠다. 역할을 바꿔가며 서로의 지지대가 되어준 덕에 비바람도 태풍도 견디며 함께 여기까지 왔으리라. 돌아오는 길에 나는 두 손으로 나팔꽃 씨를 받았다. 옛 친구에게 화해의 손길을 내미는 심정이었다.

  꽃씨를 심고 나니 벌써 여름 아침이 기다려진다. 신하리 들판에서 태풍을 이겨낸 꽃이 내 집 베란다에서 어떤 그림을 그릴까, 해도 바람도 부족하지만 내가 도울게. 즐거운 상상 속에 일이랄 것도 없는 일을 끝내고 허리 편다. 어디선가 힘찬 나팔 소리가 들리는 듯하다.

상추쌈

 오월이다. 꽃은 꽃대로 잎은 잎대로 눈길 가는 곳마다 탄성을 자아내게 하는 계절, 하루가 다르게 싱그러워지는 자연으로부터 생기를 얻었을까. 늘어지기만 하던 몸이 일없이 들썩여지는 요즈음이다.
 때마침 선배가 전화했다. 강화에 전원주택 장만 후 집들이를 미루던 중이었는데, 상추가 알맞게 자랐다며 삼겹살 파티를 하자고 했다. 서둘러 날을 잡았다.
 오래된 동네의 초입에 자리한 아담한 집, 앞마당에는 잔디가 싱그럽고 뒷마당의 텃밭은 풍성한 여름을 미리 보는 것 같았다. 집 구경은 뒷전인 채 텃밭에 주저앉았다. 상추와 쑥갓이 보기 좋게 어우러져 있었다. 오랜만에 만져보는 포슬포슬한 흙의 촉감이 손끝을 타고 빠르게 온몸으로 퍼졌다. 풋

것이 뿌리째 뽑히면서 뒤집힌 흙이 내뿜는 흙내며, 여릿한 풀내가 맑은 공기에 섞이면서 향 좋은 칵테일 한 잔이 코앞에 놓인 듯했다.

 상추를 솎아내고 대소쿠리 그득히 씻어 담는 동안 한편에서는 고기를 준비했다. 소나무 가지와 양파 위에 고기를 켜켜로 얹고 푹 찌니, 누린내는 가시고 기름은 빠지고 솔향은 솔솔, 삼겹살이 별미가 되었다. 큼지막한 쌈을 한입에 욱여넣으며 우리는 또 그날의 상추쌈을 불러냈다.

 몇 해 전, 선배가 다니는 암자에서 1박 한 적이 있었다. 해종일 주변을 해찰하다가 저물녘에 숙소로 향했다. 암자는 산꼭대기에 있었다. 선두는 가장 우수한 체력의 소유자인 선배였다. 그의 말에 의하면 잠깐 올라가면 된다고 했다. 그러나 가파른 산길은 끝이 보이지 않았고 리더와의 거리는 자꾸 멀어졌다. 그에게 '잠깐'의 시간은 우리에겐 아주 긴 시간이었다. 종일 돌아다니느라 체력은 바닥났고 길은 자꾸 가풀막졌다.

 천신만고 끝에 도착한 암자, 스님 한 분만 계시다는 절집은 적막강산이었다. 가는 날이 장날이라더니 스님은 출타 중이었다. 문고리에 숟가락을 베어 문 채 졸고 있던 절집이 우리를 반겨주었다. 선배가 익숙하게 숟가락 열쇠를 풀었다. 공양주로 변신한 그는 구석구석 불 밝히고 법당에 인사 올린 후 밥을 안쳤다. 마치 제집에 온 손님을 맞이하듯 익숙하고 제빨랐다.

저녁을 기다리는 동안 밭에 나갔더니 반 뼘쯤 자란 상추며 쑥갓이 소복소복 자리다툼하고 있었다. 선배가 소쿠리를 건네주며 맘껏 솎으라고 했지만 조심스러웠다. 부재중인 스님의 수고도 걸렸고 해맑게 자라고 있는 여린 풋것은 바라보는 것만으로도 너무 귀했다.

긴 기다림 끝에 밥상에 앉았다. 손끝 야문 선배의 밑반찬 두어 가지와 소쿠리째 올라온 쌈이 전부였다. 수북하던 상추가 금방 동났다. 허기도 한몫했지만 어린 상추가 얼마나 맛있던지 말을 잃었다. 누에가 뽕잎 갉아먹는 듯한 소리만 방 안 그득했다.

그날 밤, 우리는 절마당에 곱게 앉은 달빛 즈려밟고 솔숲의 너럭바위에 앉았다. 교교한 달빛을 온몸으로 받고 앉은 중년 여인들이 하나 둘, 마음의 빗장을 풀었다. 때론 웃고 때론 우느라 밤이 이슥하도록 자리를 뜨지 못했던 산사에서의 하룻밤이었다.

방금 솎아낸 상추에 솔향 스민 고기를 얹고, 암자의 추억을 올리니 쌈은 자꾸 커져서 두 손을 받혀야 했고 욱여넣어야 했다.

문득 중학교 때 배운 시조가 생각났다. 나도 모르게 시조를 읊조리기 시작했고 급기야 벌떡 일어나 몸짓까지 곁들였다.

    쥘 상치 두 손 받혀 한입에 욱여넣다
    희뜩 눈이 팔려 우긴 채 내다보니
    흩는 꽃 쫓이던 나비 울 너머로 가더라

    '상치쌈' 조운

  자잘한 솎음 상추는 한 손으론 어려워 두 손을 써야 한다. 잔뜩 커진 쌈은 욱여넣어야 제맛이다. 상추쌈을 욱여넣다가 한눈판 작가의 시선에 난분분하는 꽃과 나비가 포착되었다. 순간 포착도 잠시, 그들은 이내 울 너머로 사라졌다.
  점잖으신 국어 선생님은 여느 때와 달리 몸동작을 크게 만들어 보이며 시조를 읊으셨다. 짧은 봄날의 한 컷 삽화 같은 시조가 중년의 선생님을 사로잡았던 모양이다. 선생님의 감흥은 오랜 세월이 지난 이 봄날, 중년의 제자 가슴에서 되살아나 몸짓까지 흉내 내게 했다. 색깔이 비슷한 글벗들은 저마다 한 줄 감상문을 덧붙였다.

  순연한 달빛 아래 마음 풀던 암자에서의 하룻밤도, 고향 동네를 닮은 강화에서 상추쌈을 싸던 오월의 하루도 지나갔다. 히르르 떨어지는 꽃잎처럼 낳은 날들이 또 그렇게 울 너머로 사라질 것이다.

야간산행

 단풍이 절정이던 때 난생처음으로 야간산행한 적이 있었다. 지리산으로 무박 산행 다녀왔다며 무용담을 늘어놓는 친구가 부러워서 '죽기 전에' 하면서 남편을 설득했다. 내키지 않아 하는 남편이 미웠지만 든든한 보호자는 있어야 했다.

 동대문에서 밤 11시에 출발한 차가 새벽 3시 내장사에 도착했다. 전북 정읍의 내장사에서 출발, 전남 장수의 백양사로 내려오는 코스였다. 야간산행이 처음이었던 우리는 차에서 눈 좀 붙이고 새벽녘에 출발하겠지 했는데 예상을 뒤엎고 그들은 서둘러 움직였다.

 그믐께였던지 달도 없었다. 랜턴 불빛 하나에 의지해서 오로지 앞사람의 흔적만 더듬으며 걸어야 했다. 산세가 어떨까, 단풍은 얼마나 고울까, 오밤중에 산속을 함께 걷는 이들은 어떤 얼굴들일까 하는 따위의 생각은 사치였다. 깊고 어두운 산속에서 낙오자가 되지 않기 위해서 죽기 살기로 걸을 뿐이었다. 그 무렵 나는 바닥 친 체력을 끌어올리는 데 올인하던 중이었다. 북한산을 오르내리며 체력을 다지기는 했으되 야간산행은 무리였다. 남편은 걱정과 함께 내 만용을 질타했다. 나도 후회막급이었지만 되돌아갈 수도 없었다. 그야말로 진퇴양난이었다.

정상인 듯한 곳에서 잠시 쉰다고 했다. 꿀 같은 시간이었다. 배낭을 베고 누워 하늘을 보았다. 달빛도 없는 캄캄한 밤하늘에는 흩뿌린 듯 무수한 별들이 빛났다. 저렇게 많은 별을 본 건 백두산 천지 이후 처음이었다. 천지에서 일박하던 날, 손에 잡힐 것 같은 별들이 레이저처럼 빛을 발사하던 밤하늘을 보며 깊은 감동에 빠졌던 적이 있었다.

오르막이 어렵지 내리막은 쉽다고 누가 말했던가. 벌벌 기다시피 내려오는데 체력을 소진한 다리에서 쥐가 나기 시작했다. 상비약도 준비하지 못한 우리에게 누군가가 파스를 내밀었고 누군가는 탄력 붕대를 건네주었다. 뭉클했다. 내겐 전쟁 같은 시간이었던 터라 그들의 손길은 전우애 같았다.

악전고투하며 얼마나 내려왔을까. 어둠이 조금씩, 아주 조금씩 농도를 달리함을 느낄 수 있었다. 짙은 어둠 속에 고집

스레 웅크리고 있던 산이 모습을 드러내기 시작했다. 완강한 어둠을 밀어내며 도둑고양이처럼 다가오는 여명, 그것은 신비의 세계였다. 우주의 첫 모습과의 교감 같은 신선한 떨림으로 가슴이 벅차올랐다. 아마도 그 기분을 맛보기 위해 야간산행을 하지 않을까 싶었다.

희붐한 여명 속으로 마을이 보이기 시작했다. 한적한 산골마을에 아직도 장작을 지피는 집이 있는지 굴뚝에 연기가 피어나고 있다. 열린 대문과 낮은 담장으로 집안을 기웃이 넘본다. 흙 마당 가운데 징검다리처럼 돌멩이가 놓여 있고 축담에는 아무렇게나 벗어던진 신발들이 있다. 그 낮은 마루를 딛고 올라서서 투박한 문고리를 잡아당기면 거기, 내 할머니가 계실 것 같다. 우리 강생이 왔나, 합죽 웃으며 아랫목을 내어주실 것만 같았다.

추수를 끝낸 들녘에는 서리가 덮였다. 영글지 못해 버림받은 배추며 무가 팽개쳐진 밭에서 누군가가 무를 뽑아 우적우적 씹다가 내던진다. 소설 소나기에서의 소년을 흉내 내 본 것일까. 나이 든 남자의 치기에 우리는 함께 웃었다. 더불어 밤을 지새운 일행은 어느새 '우리'가 되어 서로 격려하며 새벽을 지나 아침으로 가는 길을 걸었다. 혹독한 들일에 기운이 다 빠져버린 농부처럼 휘적휘적 걸었다.

여기서부터 전남이라고 누군가가 말했다. 전북을 지나서

전남 땅으로 진입한 모양이었다. 여명의 시간대를 온전히 음미히면서 아침햇살과 함께 백양사에 도착했다. 쥐가 나는 다리를 달래 가며 전우들과 나누어 마시던 백양사 매점의 뜨거운 커피 맛은 아침햇살에 더욱 빛나던 단풍과 함께 지금도 선연한 기억으로 남았다.

생애 처음이자 마지막이 된 야간산행은 떠올리는 것만으로도 자신이 대견스러워지는 추억 한 토막이다.

그리운 용대리

카톡 소리가 요란하다. 강원도 인제군 용대리에서 여름휴가 중인 딸이 연달아 사진을 보내온다. 눈에 익은 아름다운 풍광을 보고 있자니 마음은 어느새 그 골짜기 추억 속으로 내닫는다.

1번 손자가 다섯 살이던 해 여름이었다. 두 딸네와 용대리에서 휴가를 보내고 마지막 날, 어른들이 짐을 싸느라 분주할 때였다. 큰딸이 다급하게 아이들을 찾기 시작했다. 텔레비전 앞에 있어야 할 1번과 2번이 보이지 않았다. 3번은 작은방 모기장 속에서 꿀잠을 자고 있었다.

집 앞 계곡이 생각나는 순간 등줄기가 서늘해졌다. 아니나 다를까. 저만치 두 꼬맹이가 눈에 잡혔다. 2번 아우가 뒤뚱거리며 앞장섰고 1번 형은 어정어정 뒤따르고 있었다. 어정거리는 모양새가, 저도 계곡으로 내빼고 싶은 마음을 다섯 살의 의지로 누르고 있는 것 같았다. 대놓고 탈출하는 동생이 더 빨리 물가에 가 닿기를 바라는 속내가 빤히 보였다.

모퉁이를 돌아 물이 보이자 앞선 놈의 걸음걸이는 더 위태롭다. 머리통은 앞으로 쑥 나가 있고 기저귀가 매달린 엉덩이는 이만치 빠져 있다. 작은 팔을 홰홰 저으며 내닫는 모양새가 뒤뚱거리는 새끼오리 같다. 빠르게 몸을 날려 놈의 어깻죽지를 잡는다. 버둥거리는 녀석을 껴안으니 못내 억울한지 대성통곡이다. 찰방대는 물이 눈앞인데 붙잡히고 말았으니 얼마나 억울할꼬.

울음소리에 놀랐을까. 강아지 깜이 바람처럼 달려오더니 나를 보며 요란하게 짖어댄다. 아 좀 놀게 해줘, 조금 늦게 가도 되잖아, 언제 또 올 건데, 라며 바락바락 대드는 듯하다. 그래 이 시간이 언제 또 오랴, 오늘 중으로 가면 되지, 실컷 놀아라. 나는 대책 없이 너그러운 할미가 되어 아이를 놔버린다. 웃음소리가 폭죽처럼 터진다.

적막강산이 일시에 깨어난다. 사방은 짙푸르고 햇살은 푸지게 쏟아진다. 뭉게구름이 수놓은 아득한 하늘에 비행기 한 대가 길게 비행선을 그으며 지나간다. 힐링이 시대의 화두로 떠오른 이즈음, 이곳이야말로 힐링의 정점인 듯하다. 용대리 산장이 가장 빛날 때이다.

남편이 친구 넷과 함께 산장을 짓겠다고 했을 때가 오십 초반이었다. 여럿이니 큰 부담이 아니라 말했고 나도 동조했다. 휴양림에 땅을 샀다고 하더니 집 지을 준비를 하고 있다고 했다. 그때까지 현장을 못 봤기에 와닿지 않았다. 집 짓는다고 주말마다 오르내릴 때도 그냥 그랬다. 온몸에 땀띠가 돋고 안 그래도 까만 사람이 새까맣게 타서 눈만 반짝거리는 것이 속상할 뿐이었다.

늦가을 어느 날 집들이 초대를 받았다. 그의 친구 열한 명이 부부 동반으로 초대되던 틈에 나도 끼었다. 사진으로만 보던 산장은 상상을 뛰어넘었다. 울울창창한 휴양림의 숲이 배경이 되어주고 앞마당 끝자락으론 해발 천 미터가 넘는 매봉산 칠절봉에서 흘러내리는 계곡물이 '옛이야기 지줄대며 휘돌아 가는' 곳에 집이 있었다.

동화에나 나올 법한 숲속의 하얀 집, 그림 같은 풍경의 한 귀퉁이가 내 것일 수도 있다는 사실이 꿈만 같았다. 집주인 다섯을 포함한 일행 스물두 명이 고사 지내고 떠들썩하게 지신을 밟았다.

서울은 단풍이 한창이었지만 진부령 고갯길 초입에 자리한 산장은 쌀쌀하다 못해 추웠다. 모두 두툼한 외투를 챙겨 입고 휴양림 숲길을 걸었다. 맑은 공기는 수액처럼 빠르게 스며들어 먼 길에 지친 피로를 걷어갔다. 마지막 단풍은 높푸른 가을 하늘 아래 투명하게 빛났다. 황금빛 낙엽송이 도열한 오솔길을 걸으며 누구는 부럽다고 했고 누구는 너무 멀다, 이 오지에 몇 번이나 올 수 있겠냐고도 했다.

세월이 흐르고 딸들이 둥지를 꾸리자 식구가 불어났다. 이들이 여름 휴가철이 되면 삼삼오오 산장으로 모여든다. 다른 집들도 마찬가지다. 어느새 노년이 된 산장 주인들은 손주들이 안전하게 놀 수 있도록 해마다 업그레이드한다. 할아버지들의 수고로 용대리 산장은 꼬마들의 즐거운 놀이 한마당이 되고 있다.

더운 여름에는 강원도가 최고라며 엄지를 펴 보이는 손주들, 초록 속에 뛰노는 아이들을 보고 있노라면 먹지 않아도 배부른 느낌을 알 것 같다. 남편의 얼굴이 가장 부드럽게 펴지는 공간, 그의 수고가 세월 속에 더욱 빛나는 그리운 용대리는 어느새 마음의 고향으로 자리 잡았다.

봄을 넘보다가

초봄이었다. 그날도 여느 때처럼 손자를 업고 집을 나섰다. 집 앞의 공원으로 바람 쐬러 가는 길이었다.

하필 그 집 대문이 열려 있었다. 꼬부랑 할머니가 꽃밭을 잘 가꾸던, 마당가에 채송화며 봉숭아가 소담스레 피어있어 여름내 눈길을 끌던 집이었다. 그 앞을 무심히 지나치는데 무언가 끌어당기는 듯한 느낌이 들었다. 고개를 돌리고는 이미 지나친 그 집 마당을 넘보았다.

함박꽃 순이 한 뼘쯤 올라와 있었다. 짙은 자줏빛 꽃이 황홀하게 피던 것을 기억하고 있던 터라 무척 반가웠다. 산수유의 여린 웃음을 보면서도 겨울 느낌을 떨치기 어려웠는데 봄은 어느새 도둑고양이처럼 살금살금 다가온 모양이었다. 바짝 치켜든 고양이 꼬리마냥 함박꽃 새순이 올라오고 있었다.

봄이로구나. 혼잣말하며 돌아서서 걸음을 옮기는 찰나였다. 종아리가 섬뜩했다. 휙 돌아보니 개가 누어 걸음 물러선 채, 그제사 맹렬히 짖어댔다. 미친 듯 짖어대는 개를 본 순간 놈에게 물린 것을 알았다. '짖는 개는 물지 않는다'더니 과연 놈은 소리 한 번 내지 않고 기습 공격했고 나는 완전 무방비 상태에서 물려버렸다.

개에게 물렸음을 인지한 순간 온몸에 소름이 돋았다. 나도 모르게 비명을 질러댔다. 놀란 아이도 울음을 터뜨렸다. 놈은 또다시 공격태세를 보였다. 날카로운 이빨을 드러내며 크르릉거렸다. 어찌할 바를 모른 채 주춤거리다가 중심을 잃었다. 넘어지면서도 한 손으론 등에 업힌 손자를 바짝 잡았다.

맨발로 뛰어나온 주인이 황황히 개를 붙잡았고 이내 동네 사람들이 모여들었다. 누군가가 나를 일으키고 우는 아이를 받아 안았다. 누군가는 얼른 택시 타고 병원으로 가라고 했고 누군가는 119를 불러야 하지 않을까라고 말했다. 누군가는 개 주인에게 예방주사를 맞혔느냐고 다그쳤다.

다행히 상처는 깊지 않았다. 간단한 치료와 파상풍 주사를 맞고 집으로 돌아왔다. 한바탕 홍역을 치른 터라 온몸에 힘이 다 빠졌다. 소리를 얼마나 질렀던지 목도 칼칼했다. 아예 자리보전하고 누웠다. 만약에 아이를 업지 않고 걸렸으면, 그래서 놈이 내 손자를 물었더라면, 생각하니 모골이 송연했다. 내가 물린 게 얼마나 다행인가 싶으니 좀 전까지 욱신거리던 환부가 하나도 안 아픈 것 같았다.

대체 놈은 왜 나를 물었을까. 개 주인의 말로는 8년째 키우는데 처음이라고 했다. 내가 저를 해코지할 위인으로 보였을까. 무언가를 훔치려고 호시탐탐 기회를 노리는 도둑으로 보였을까. 곰곰 생각해보니 집히는 구석이 있었다.

쑤욱 올라온 함박꽃 순을 넘본 것이 화근이지 싶었다. 아이를 들쳐업은 내 형상도 놈의 눈엔 이상하게 보였으리라. 지나쳐갔던 '이상한 인간'이 다시 고개를 휙 돌려서 제집을 넘본 것이다. 그 일련의 행위를 놈은 공격 대상으로 판단했지 싶었다. 그러니까 나는 봄을 넘보다가 된통 당한 모양이었다.

어이없지만 이 눈부신 봄날에 손자에게 묶여 은근 불만이던 내게 개가 일침을 가한 것 같아 혼자 쓴웃음 지었다.

특별한 재회

 세월이 내려앉은 봉분은 나지막했다. 바야흐로 자연으로 드는 중이었는데 이장을 하게 되었다. 이 외진 산에 터널이 뚫린다고 했다.

 친정은 오래전에 고향을 떠났기에 소식을 늦게 접했고 아버지의 무덤은 자칫 무연고 묘로 사라질 뻔했다. 겨울이었지만 봄까지 기다릴 수 없었던 것이 둘째 동생이 독일 주재원으로 발령받고 있던 터여서 출국 전으로 날을 잡아야 했다.

 이장도 장례식에 준한다고 해서 조촐하게 제수 음식을 준비했다. 진두지휘하던 당숙이 상주는 곡을 하시오, 하는데 모두 마른 울음을 흉내만 낼 뿐이었다. 슬픔도 애절함도 풍화되었을 세월은 눈물샘을 건드리지 못했다. 긴 세월 영면에 든 망자를 굳이 깨워야 하는지, 굳이 터널을 뚫어야 하는지 떨떠름한 기분이 지배적이었다.

 유택이 파헤쳐졌다. 상주들은 물러서라고 하는데 막냇동생은 아버지의 방에 들듯 성큼 들어갔다. 아버지에 대한 기억이 없던 그에겐 어쩌면 부친을 느낄 기회였을까. 인체를 공부한 의사이기에 유골이 낯설지는 않았으리라. 흙구덩이 속에 쭈그리고 앉아 진지하게 아버지를 찾고 있는 막내를, 잘 자란 소나무가 내려다보고 있었다. 이따금 반갑다는 듯 가지를 흔들었다. 오래전 모교로 첫 발령을 받은 언니가 식목일 행사 후 묘목을 심었는데 어느새 큰 나무가 되어 있었다.

 이윽고 유골 수습이 끝나고 동생이 아버지를 재현하기 시작했다. 골격을 어림짐작한 후 짚과 솜으로 도닥도닥 여백을 메우고 채운 후 마지막으로 이불을 덮어 드렸다. 늙은 아비의 잠자리를 살피는 효자처럼 구석구석 다독이는 모습이 어찌나 숙연한지, 막걸리를 거푸 마셔서 불콰해진 인부들도 목소리를 낮추었다.

 화장장으로 이동하는데 눈이 흩날리기 시작하더니 이내 함박눈으로 변했다. 차창 밖을 무연히 보고 있자니 사십여 년 세월이 눈밭을 헤치며 다가왔다.

 부산의 큰 병원에서 집으로 모시라는 마지막 통보를 받고 오신 날도 겨울이었다. 하루 네댓 번 다니던 버스도 끊길 만큼

눈이 쏟아졌던 날, 택시 한 대가 집 앞에 섰다. 몸 가누기 힘든 아버지를 안방으로 모신 후 엄마가 다급하게 나를 불렀다.

윗동네 아무개 집에 '용한 침쟁이'가 왔다 하니 얼른 가서 모셔 오라고 했다. 십 리 길을 뛰었다. 그는 이미 아버지의 소문을 듣고 있었던 듯, 완곡하게 거절했다. 죽은 사람도 살린다는 전설의 편작을 기다리듯 침구사를 기다릴 엄마를 생각하며 매달렸지만 소용없었다. 빈손으로 돌아가는 길은 아득했다.

중간 동네를 지날 때였다. 길가 스피커에서 나를 찾는 소리가 들렸다. 부면장 딸을 보는 사람은 빨리 집으로 보내라고, 쌩쌩 부는 바람 속에서 날카롭게 튀어나온 듯한 말을 챙겨 듣는 순간 노란 커튼이 시야를 가로막았다. 눈앞이 노랗다는 말을 나는 열다섯 살 그 겨울 눈밭에서 경험했다.

우리 집에는 동네 사람들이 분주하게 들락거리고 있었다. 누군가가 휘청거리며 들어서는 나를 부축했고 아버지 앞에 앉히며 인사를 하라고 했다. 무릎걸음으로 다가가 손을 잡는데 얼음보다 차가웠다. 무서움이 와락 덮치면서 손을 놓았다. 손끝에 전해 오던 싸늘함은 온몸에 소름을 돋우었고 그 낯선 느낌은 오래도록 지문처럼 남았다. 살아남은 자를 위한 망자의 배려였을까. 할머니는 정을 떼기 위해 무섬증을 준 거라고 했다.

옛일을 더듬는 사이 화장장에 도착했고 잠시 후 전광판에 아버지의 이름이 떴다. 빨간 점멸등이 깜박깜박 살아 움직이는 것 같았다. 오래 잊고 있던 이름을 눈으로 본 순간 울컥했다. 동시에 언니의 통곡이 터졌다. 울기를 주문받던 자리에서 흉내만 내던 우리가 삼일장 치르는 상주처럼 울어대니 당숙이 한숨 쉬며 점멸등을 바라보았다.

-형님요, 허술했던 첫 초상이 영 섭섭하등교. 다 큰 자슥들 모아놓고 보니 좋지요?

당숙은 시선을 거두며 아버지가 좋다 하시니 그만 울어라, 자꾸 울면 망자에게도 안 좋다고 하셨다. 우리는 동시에 울음을 그쳤다. 실컷 울었기 때문일까. 왠지 개운했다. 철없을 때 이별한 아버지와 재회한 기분이었다.

단 한 번만 하늘에 계신 엄마를 만났으면 좋겠다던 정채봉 선생의 시가 생각났다. '엄마를 만나면 살면서 가장 억울했던 한 가지를 일러바치고 엉엉 울고 싶다'던 구절이 와닿았다. 엉엉 울고 나니 전에 없이 후련했던 것이다. 아버지의 부재로 인한 설움은 산화되고도 남을 세월이다. 그럼에도 불구하고 썩지 못한 뼈처럼 단단하게 남은 응어리가 있었던 듯, 그마저 눈물에 씻겨나간 것 같았다.

그나저나 땅속에서 긴 잠을 자다 불려 나온 아버지는 변한 세상이 얼마나 얼떨떨하셨을까. 눈부시게 발전한 세상은 귀신의 혼도 쏙 빼놓았겠는데 괜찮으실까. 산골짜기 외딴집에서 공동주택으로 이사했는데 적응은 잘 하실라나, 우리의 걱정이 이어지자 어머니가 '너그 아버지는 사교성 밝은 양반이라 외려 좋아할 것.'이라 해서 모두 웃었다. 어머니가 그렇다 하시니 우리도 마음 편하게 특별한 하루를 접었다.

젊은 날의 삽화

며칠 전 모 신문에 수필이 당선되어 작품과 함께 사진이 인터넷에 뜨게 되었다. 나보다 딸들이 더 신이 났다. 여기저기 퍼 나르고 저들끼리 떠들어댄 폰을 캡처해서 내게 보내느라 종일 분주했다. 밤이 이슥하도록 수다는 이어졌다. 딸들이 퍼내는, 젊은 날의 내 치기 어린 삽화가 줄줄이 딸려 나왔다.

오래전 이야기 하나,
지역신문의 주부백일장에서 장원한 적이 있었다. 상 받는 내 모습이 대문짝만하게 실린 신문의 전면을 들여다보다가 다음 장을 펼쳤다. 작품과 함께 실린 현장 사진을 훑어보다가 작은딸을 발견했다. 삐딱하게 다리를 꼬고 선 채, 벤치에 엎드려 글 쓰는 어미를 지켜보던 갈래머리 꼬맹이의 모습이 순간 포착된 모양이었다. 오나가나 혹처럼 달고 다니던, 네다섯 살 무렵이었다. 야외에서 하는 행사여서 당연히 데리고 나섰는데 나도 큰 상을 받고 아이도 신문에 사진이 실리는 영광(?)을 누리게 된 것이다.

 불혹을 막 넘긴 큰딸이 그 일을 끄집어냈다. '그때, 말은 안 했지만 섭섭하고 동생이 부러웠다'고 했다. '말은 안 했지만' 하는 글자가 덜컥 걸렸다. 오 년 터울이라 큰아이는 지나치게 형 노릇을 강요받았을 게다. 나이보다 어른스러워야 했을 아이, 아마 내가 그렇게 닦달했으리라. 나도 엄마 노릇이 처음이라 맏이에게는 시행착오를 거듭했다. 둘째를 키우면서 큰애한테 문득문득 미안한 마음이 일었다. 그냥 지켜보아도 될 것을…
 큰딸한테는 그런 마음 한 자락이 깔려있는 터라 '저런, 말을 하지 그랬냐, 미안하다.' 하는 말이 금방 나왔다. 딸은 뭘 미안씩이냐며 ㅋㅋ 웃었다. 쿨하게 웃는 큰딸의 모습이 그려졌다. 고마웠다.

 오래전 이야기 둘,
 모 방송국에서 주부 자작시 낭송대회가 있었다. 예심을 거친 열댓 명의 참가자가 과천 서울대공원에서 공개방송으로 녹화하게 되었다. 가본 적 없던 길을 물어물어 찾아 나섰다. 그때도 껌딱지는 붙어 있었다.

　행사장은 축제 분위기였다. 올림머리에 한복을 날아갈 듯 차려입는 등 한껏 멋 부린 참가자들이 분위기를 돋우고 있었다. 청바지에 운동화 신고 아이의 손을 잡은 참가자는 나뿐이었다. 게다가 참가자들이 앉은 무대는 관람객의 눈길이 집중되는데 나는 바스락대는 딸아이 때문에 앉아 있을 수가 없었다. 진행자의 양해를 구하고 관람석에 편하게 앉아서 차례를 기다렸다.

　우여곡절 끝에 동상을 받는 영광이 주어졌다. 수상자들의 뒤풀이는 사양한 채 집으로 가는 길은 멀고도 험했다. 부상으로 받은 카세트 라디오는 너무 컸고 딸아이는 잠이 들었다. 한 손은 업은 아이의 엉덩이를 받치고 한 손은 옆구리에 낀 상자를 받쳐야 했다. 상금이 든 가방은 목에 걸었다….

　엊그제였다. 마트 가는 길에 예닐곱 살쯤 되어 보이는 사내아이가 신발 끈이 풀려서 끙끙대고 있는 것을 보았다. 묶어주고 싶었으나 어떨지 몰라 걸음을 멈추고 지켜보는데 아이가 먼저 '도와주세요'라고 말했다. 그 말이 얼마나 신선하던지 그야말로 심쿵, 나는 시장바구니를 놓고 쭈그리고 앉아 작은 신발 끈을 꼭 묶어주었다. 꼬마가 두 손을 배꼽에 모으고 인사를 했다.

　이고 지고 힘들었던 그때, 나는 왜 지나가던 누군가를 붙잡고 도와주십사 한마디도 못 했을까. 먼저 도움을 청했더라면 누군들 외면했을까. 아이고, 꼬맹이만큼의 배짱도 없던 숙맥. 그놈의 지하철 계단은 왜 그리도 깊었을까. 승강기도 있었을 텐데 그걸 찾아서 탈 생각은 왜 못 했누. 쯧쯧.

　서울대공원이 개장하던 해였으니 젊디젊었던 날의 추억이다. 그 무렵에 비하면야 환골탈태했다. 낯도 두꺼워지고 말도 많아지고 자글자글 주름도 늘고 두둑한 뱃살만큼 배짱도 늘었다. 세월의 물살을 타고 흐른 당연한 변화이리라. 이젠 편안한 마음으로 저문 날의 삽화를 그려가고 싶다.

3

집으로 가는 길

이삭과 원피스

예닐곱 살 나던 해였다.

보리타작이 끝날 무렵 어느 장날, 엄마는 언니에게 주황색 원피스를 사 주셨다. 목깃에 하얀 레이스가 달리고 가슴에 색색의 꽃 세 송이가 수 놓인 옷이었다.

당연한 수순으로 언니가 입던 분홍색 원피스가 내 앞에 떨어졌다. 낡은 옷은 이미 내 무릎 위로도 껑충 올라갔다. 세 살 터울이지만 언니는 작은 편이었고 나는 커서 둘의 덩치는 엇비슷했다.

그날 처음으로 반기를 들었다. 번번이 언니 옷만 사주는데 골이 난 내가 낡은 바지 하나를 가위로 싹둑 잘라버렸다. 엄마는 어이가 없어선지 야단도 치지 않고 '언니가 이삭을 많이 주워서 그거 팔아서 사줬다'며 너도 언니처럼 좀 부지런하라고 하셨다. 철부지 소견에도 무릎 꺾을 수밖에 없게 언니는 재발랐다. 왜 인니처럼 부지런하지 못할까는 풀기 어려운 숙제였다.

그해 가을 어느 날이었다. 그날도 언니와 나는 텅 빈 논바닥을 훑듯이 이삭을 줍고 있었다. 낱알갱이 한 톨도 소중하던 시절이었다. 부지깽이도 거든다는 농번기에는 아이들도 밥값을 야물게 했다. 동생 돌보기, 새참 내가기, 이삭줍기 등이 아이들 몫이었다.

바지런하게 움직이는 언니를 보면서 나도 다짐했다. 그러나 이삭 하나 줍고 하늘 쳐다보고, 둘 줍고는 논두렁에 퍼질러 앉아 땅강아지가 어디까지 가는지 살피느라 해를 다 보내고 말았다. 언니의 수확은 풍성한데 내 것은 소쿠리 바닥에 간신히 깔릴 뿐이었다. 풀이 죽어 고개가 절로 떨구어질 때였다.

아직 거두어가지 않은 이웃 논의 볏단이 눈에 띄었다. 나도 모르게 한 움큼 집어 들고 말았다. 그것을 이삭 주운 것처럼 적당히 헝클어서 의기양양 집에 갔다. 딴에는 이삭인 것처럼 했겠지만 얼마나 엉성했으랴. 어른 눈에 걸리지 않을 수 없었겠는데 아버지는 어떤 마음이었는지 엄청 칭찬하셨다.

아버지의 칭찬 앞에서 이실직고는 때를 놓쳐버렸다. 자수할 기회를 놓쳐버리고 불편하던 기분은 오래도록 마음을 무겹게 했다. 다시는 거짓말하지 않겠다는 결심도 했을 테고 부지런한 아이가 되리라는 다짐도 했으리라. 부지런하자는 다짐은 지금껏 실행하지 못하고 살지만, 당장 위기를 면하자고 거짓말하는 짓은 가능한 한 피하려고 한다. 거짓은 또 다른 거짓을 불러와 점점 커지기도 하지만 마음이 너무 불편해짐을 일찍이 체득했으므로.

이삭 사건(?) 후 내게도 새 옷이 생겼다. 멜빵에 빨간 단추가 달린 수박색 체크무늬 치마였다. 난생처음 내 옷을, 그것도 마음에 쏙 드는 옷을 갖게 된 나는 오래도록 감격했다. 아버지는 내가 이삭을 열심히 주웠기 때문이라며 앞으로도 부지런한 아이가 되라고 하셨다.

아버지의 속내는 어땠을까. 부지런해야 살 수 있음을 일러 주고 싶었을까. 거짓말을 스스로 감내하는 일이 얼마나 불편한지 깨닫게 하고 싶으셨을까.

아버지, 바늘 도둑이 소도둑 되면 어쩌려고 그러셨어요?

내가 어른이 되기 전에 돌아가시고 말았으니, 부녀가 마주 앉아 콩이네 팥이네 시시비비를 가릴 기회가 없어 참으로 유감스럽다.

저물녘 골목시장

골목시장 초입의 국수 공장은 그날따라 문이 닫혀있었다. 언제나 '영업 중'이었기에 당혹스러웠다. 국수를 사기 위해서 맘먹고 먼 걸음을 한 터였다. 노부부가 호흡을 맞추는 공장에는 간판이 따로 없었다. 건조대에 길게 널린 국수가 바람에 건들건들 몸을 말리고 있는 풍경이 간판이었다. 일요일도 문을 열던 집인데 무슨 일일까.

궁금해하면서 땅거미가 내려앉은 길을 재촉했다. 크고 작은 마트가 잇따라 생기니 영세한 골목시장은 바람 빠진 풍선처럼 줄어들었다. 한때 번성하던 시장은 초라하기 짝이 없었지만 낯익은 모습 몇몇이 있어 온기는 그런대로 유지되고 있었다.

채소가게 주인인 은미 엄마, 오랜만에 보는 그녀 모습도 세월이 지나간 흔적이 역력했다. 골목시장의 터줏대감인 그녀에게서 국수 공장 할아버지가 중환자실에 입원 중이라는 사실을 알게 되었다.

시장을 한 바퀴 돌아 나오는 길에 문이 잠긴 국수 공장 앞에서 다시 걸음을 멈추었다. 부연 유리문 틈으로 안을 들여다보았다. 공장이랄 것도 없는, 넓지 않은 실내가 어둠 속에서 희미하게 모습을 드러냈다. 미처 걷지 못한 국수 여남은 줄이 질서를 잃은 채 뒤엉켜 있고 의자며 집기들이 제멋대로 흩어져 있는 실내가 위급했던 상황을 대신 말해주고 있었다. 할아버지가 작업 중에 쓰러져서 구급차를 불렀다고 했다.

가파른 계단을 올려다보고 있자니 허리가 기역자로 굽은 할머니가 구르듯 내려올 것만 같았다. 국수를 말리는 공간을 확보하기 위해서일까. 주거공간은 다락처럼 매달려 있고 계단은 가파르고 길었다.

할머니가 온몸을 출렁이며 다락에서 내려올 때면 떨어질까 무서워서 마음을 졸였다. '바쁠 일 없으니 천천히 내려오세요' 말하면 보기는 이래도 불편하지 않다며 허리를 애써 펴 보이곤 했다. 한평생 국수 가닥 뽑는 일로 사 남매를 대학 공부까지 시켰노라고 말할 땐 주름진 얼굴이 자부심으로 가득했다. 그만두고 싶어도 먼 데서 부러 찾아오는 손님들 때문에 일을 놓지 못한다며 환하게 웃을 땐, 누구의 범접도 불

3. 집으로 가는 길

허한다는 듯한 자긍심이 노구를 당당하게 받쳐주었다.

　서쪽으로 난 창문으로 가로등 불빛이 성큼 들어섰다. 갇혔던 어둠이 비로소 숨을 쉬기 시작했다. 두런두런 주인의 안위를 걱정하다가, 저들의 앞날을 고민하며 깊은 한숨을 몰아쉬다가, 한창 아이들 공부시킬 때가 좋았다고 하다가, 그런 시절이 다시는 오지 않을 테니 미련 갖지 말아야 한다고 하다가, 지금은 마음을 모아서 주인님의 빠른 쾌유를 빌어야 할 때라며 입을 모으는 것 같았다. 하루가 저물어 가듯 한 시절이 저물고 있었다.

　조며 수수, 서리태 등을 소꿉장난하듯 펼쳐놓은 할머니가 여전히 좌판을 지키고 있었다. 오른손이 투박한 의수인 것도 여전했다. 노인은 늘 당당했다. 나처럼 눈치 없이 서 있는 손님에게 비닐봉지를 잡으라고 명령하듯 말했다. 나는 얼른 무릎을 접고 앉아 두 손으로 공손히 봉투를 열며 '할머니, 고객은 왕인데 이렇게 고객관리를 하셔서 장사가 되겠습니까' 웃으며 혼잣말을 삼켰다. 노인의 당당함에 반해서 수시로 참깨도 한 움큼 사고 들깨도 한 됫박 사들이곤 했다.

　어스름에 만난 때문일까. 노인은 몸피가 줄어들어 마치 좌판에 놓인 한 무더기 곡식 같았다. 왼손 하나로 두 아들을 반듯하게 키워 낸 할머니는, 이젠 일을 놓아도 되지만 사람 구경도 하고 손주 과자값도 벌 수 있어 얼마나 좋은지 모른다며 활짝 웃었다. 하회탈처럼 주름진 얼굴이 편안해 보였다.

평생 손톱 밑에 흙을 달고 사는 채소가게 주인은 요즘 살맛이 절로 난단다. 대학 공부시켜 장가까지 보낸 시동생이, 큰딸 결혼하는데 가전제품 전부를 책임졌기 때문이다. 전후 사정을 잘 알고 있는 터라 '형수 노릇'에 대한 보답으로 과할 것도 없다 싶은데, 무척 흐뭇한 모양이다. 딸이 엄마의 네일아트 예약도 해주었다며 난생처음 손톱·발톱까지 호강하게 생겼다고 자랑이 늘어졌다.

누군가 '사람이 사람을 감동케 하는 것은 아주 어렵거나 불가능하다'고 했다. 어떤 심오한 뜻이 있겠지만 그 깊이에 이르지 못한 나는 공감할 수 없었다. 저물녘 골목시장을 휘돌아 나오는데 그 말이 떠오르면서 반박하고 싶어졌다.

어떤 수식어도 배제한 채 오로지 주어와 동사가 있을 뿐인 시장 사람들. 전쟁 같은 시장통에서 한평생을 씩씩하게 살아내는 사람들의 면면을 보고 있노라면, 체력이 부실해서 고생하는 나는 그들이 부럽고 존경스럽기도 하다. 마음이 뭉클해지는 것이다. 이것이 사람이 사람을 감동케 하는 현장이 아닐까 싶었다.

세월을 등에 업고 저물어 가는 골목시장, 국숫집마저 문을 닫았으니 여기까지 올 일은 없겠구나 싶어 자꾸 돌아보았다.

집으로 가는 길

 고향 마을은 첩첩산중, 사방이 산으로 둘러싸여 이름도 산내면이다. 전기가 들어온 게 중학생 무렵이었으니 대중목욕탕은 당연히 없었다. 면사무소에 조그만 목욕탕이 있었는데 아버지가 직원인 덕분에 이용할 수 있었다. 목욕은 집안의 큰 행사였다. 일찌감치 저녁밥 챙겨 먹이랴, 일곱 식구가 갈아입을 옷을 피난 보따리처럼 챙기랴, 엄마는 바쁘셨겠다.
 아버지와 남동생 셋이 목욕하는 동안 언니와 나는 텅 빈 사무실에서 놀거나 숙직실에서 졸며 차례를 기다렸다. 지친 엄마 대신 언니는 내 등짝을 찰싹찰싹 때려가며 씻겨주었다. 그 나이가 그 나이련만 야무진 언니는 형 노릇을 거뜬히 했다. 기운을 있는 대로 빼고 나면 집으로 가는 길이 아득했다. 면사무소는 동네 초입이었고 우리 집은 끝자락이었다.

지루해진 나는 언니를 뒤에서 껴안는다. 언니 등에 머리를 기댄 채 눈 감고 걸으며 묻는다.

-어데까지 왔노.

-영남이 저거 집까지 왔다.

학교 앞 문방구 딸인 영남이는 그림을 잘 그렸다. 그의 그림은 요샛말로 인기 짱이었다. 모든 것이 귀하던 시절, 문방구 주인은 고양이에게 생선가게를 맡겨버렸다. 영남이는 도화지를 수북이 쌓아놓고 그림을 그려댔고 우리는 줄을 서서 차례로 한 장씩 받아갔다. 어린 화가의 거침없는 손끝에서 눈이 크고 코가 오똑한 얼굴과 개미허리, 우아한 드레스 아래 뾰족구두를 신은 공주가 태어났다. 앞 친구의 어깨너머로 내 차례까지 올까 걱정하며 지켜보던 공주의 탄생 과정은 마술 같았다.

산동약포를 지나고 가고파식당을 지나 나이롱상회까지 왔다. 나이롱상회는 외지인이 차린 동네 최초의 슈퍼마켓 같은 곳이었다. 없는 거 빼고 다 있던 가게는 번창했다. 그는 청춘사업도 수완을 발휘해서 주인집 딸과 결혼했고 이후 항구도시에 정착해서 큰 사업가로 명성을 날린다는 소문이다.

-어데까지 왔노.

-유순이 저거 점방까지 왔다.

점방은 장터와 이어졌다. 평소에는 텅 비어 있던 장터였지만 오일장이 서는 날이면 읍내에서 들어온 상인들과 근동에서 모여든 어른들로 북적댔다. 심심해 몸을 꼬던 아이들도 덩달아 신이 났다. 장바닥에 동전이 널려 있다며 누구는 지난 장날 얼마를 주웠다는 소문이 나돌았다. 우리는 눈을 부릅뜨고 땅바닥을 훑고 다니기도 했다.

장터 끝, 마당 넓은 그 집에 드물게 가설극장이 생겼다. 너른 마당에 얼기설기 천막 극장이 만들어지고 영화 포스트가 동네방네 나붙었다. 텔레비전은 고사하고 라디오도 귀하던 시절이라 가설극장은 문화의 충격이었다.

그 집 아들은 초대권을 한 움큼씩 들고 다니며 맘에 드는 아이들에게 뿌린 모양인데 유감스럽게도 내겐 한 번도 주지 않았다. 참으로 앞날을 내다볼 줄 모르는 물색없는 위인이 아닌가.

마당 넓은 집의 안주인이었던 시어머니는 영화꾼들이 머무는 동안 밥을 담당하셨다고 했다. 그러나 흥행 저조로 밥값조차 낼 수 없기 일쑤였다. 밥값 대신 필름을 맡기며 중요한 물건이니 잘 보관해달라, 돈 벌어서 꼭 찾으러 오겠노라 했지만 그뿐이었단다.

언젠가 영화 평론가가 '이러한 연유로 옛날 자료가 거의 남아있지 않아 아쉽다'고 쓴 칼럼을 읽은 적이 있다. 지금은 시숙모가 살고 계시는 마당 넓은 그 집의 묵은 창고를 뒤지면 전설 같은 영화 한 편 건질 수 있으려나.

장터를 지나오면서 사설이 길어졌다.

이제 차부까지 왔다. 백여 가구가 살던 동네는 밀가루 반죽을 쭈욱 늘여놓은 듯 길었다. 차부가 중간이었고 그곳을 경계로 윗동네 아랫동네로 갈라졌다. 우리는 툭하면 마주 서서 서로 째려보고 주먹 감자를 먹였다.

-웃동네 우습다아.

아랫동네 아이들이 목청껏 소리 지르면, 윗동네도 잽싸게 손나발을 만들었다.

-밑동네 미쳤다아.

하나가 퉤, 침 뱉으면 내기하듯 혓바닥 동그랗게 말아 퉤에 퉤 침을 날렸다. 고무줄놀이도 공기놀이도 철저하게 편을 갈랐다.

차부를 지나 사진관 앞이다. 사진관에서는 부업처럼 작은 방송국을 운영했다. 라디오도 귀하던 시절이라 원하는 집에 스피커를 달아주고 일정 시간 전파를 실어 보냈다. 청춘들은 스피커를 통해서 연속극도 듣고 유행가도 배웠으리라. 장날도 알려주었고 어디서 콩쿠르 대회를 하니 많은 참석 바란다는 소식도 울려 퍼졌다.

이제 양이 언니네만 지나면 우리 집이다. 양이 언니는 천방

지축의 내게 여자를 느끼게 한 최초의 대상이었다. 앞집 언니는 누구에게서도 느낄 수 없던 향이 있었다.

고만고만한 아이 다섯이 북적대던 우리 집은 번잡했다. 댓돌에는 문수가 다른 신발들이 중구난방으로 흩어지거나 포개졌다. 급하게 벗어던진 놈은 마당으로 나가떨어졌다. 아이들이 뿜어내는 성장 에너지로 해서 집안은 군불을 지피지 않아도 후끈했으리라.

남동생 셋은 똘똘 뭉쳐서 저들의 세계를 구축했다. 동네 아이들의 재산을 거두어들이느라, 거두어들인 재산을 관리하느라 분주했다. 손등이 터져 피가 맺혀도 아랑곳하지 않았다. 그들의 전리품 때문에 집안은 어수선했다. 구슬이며 딱지 나무칼 팽이 썰매 연 같은 것들이 곳곳에 나뒹굴었다.

동생들은 쇠똥구리처럼 뭉쳤고, 언니는 껌딱지가 되고 싶은 나를 요령껏 피해 다녔다. 엄마는 엄마대로 늘 분주했다. 집안의 누구 하고도 눈을 맞추지 못한 나는 앞집으로 마실 가곤 했다.

외동딸이던 양이 언니의 방은 정갈했다. 몇 권의 책과 화장품이 햇살 바른 창가에 놓여있고 이부자리가 단정하게 개어져 있었다. 정리된 세트장 같던 방은 우리 집 어느 모퉁이에서도 느낄 수 없는 적요함이 있었고 그 분위기에 끌렸을까. 다 큰 처자였던 양이 언니를 졸졸 따라다녔다.

드디어 우리 집이다. 먼저 오신 아버지가 땅에 묻어둔 무를 깎아주신다. 가물거리는 호롱불 아래 일곱 식구가 머리 맞대고 앉아 무를 먹는다. 묵은 때를 벗긴 몸은 날아갈 듯 개운하고 출출한 배를 채우던 무는 아이스크림만큼이나 황홀했겠다. 그런 밤에 혹시 함박눈이 소리 없이 내리지는 않았을까. 휘영청 밝은 달빛이 초가지붕 한가득 내려앉았을까.

가난했지만 가난하지 않았던 그때, 어쩌면 완전한 행복이라 해도 좋을 그 시절은 강물처럼 흘렀고 고향 마을 산내도 상전벽해가 되었다. 언니 등짝에 머리를 파묻고 타박타박 걸어 집으로 가던 마을 길은 이젠 지상의 어느 곳에도 없다. 추억 속에 숨 쉴 뿐이다.

세월의 힘

저녁 무렵, 집 전화가 울렸다. 휴대폰에 밀려 존재감을 잃고 있더니 모처럼 목에 힘을 주는지 벨 소리가 드높았다. 수화기 너머에서 나를 확인하는 카랑카랑한 음색, 현수 엄마였다. 이십여 년이 넘었을 듯한데 목소리는 세월을 비켜가는지 어제 본 친구 같았다. 수화기가 뜨겁도록 수다는 이어졌.

골목을 가운데 두고 마주 보는 집에서 살던 이웃인데, 무뚝뚝하고 굼뜬 나와는 달리 싹싹하고 바지런한 친구 같은 형님이었다. 아욱국이 맛있게 되었다며 넉넉하게 퍼주는가 하면 따끈한 고구마 옆에 겉절이를 담아 나르기도 했다. 출근길의 남편은, 몸살기가 있는 나를 부탁하기까지 했다.

어느 날, 그녀가 이사하게 되었다며 긴 한숨을 쉬었다. 현수 아빠의 사업이 어려워져서 방이 셋이던 전셋집에서 한 칸

월세로 옮긴다는 말을 듣고 마음이 무거웠다. 이사한 다음 날 아침, 한창 짐 정리를 하고 있어야 할 그녀가 우리 집에 왔다. 토끼 눈이 된 그가 눈물을 훔쳐 가며 이야기를 시작했다.

 짐을 줄이느라 줄였지만 한 칸 방에 들이기는 무리였다. 허락된 공간 밖에도 이삿짐은 놓이기 시작했고 주인 할머니의 심기는 점점 불편해갔다. 그녀의 온 신경은 주인의 일거수일투족에 집중되었다. 짐 정리는 천천히 할 요량으로 밀쳐둔 채 마당도 쓸고 장독대 물청소도 했다. 오랫동안 노인 혼자 살던 집은 구석구석 사람 손길을 기다리고 있었다. 집주인에게 잘 보이고자 그녀 혼자 고군분투 중인데 줄담배만 태우던 현수 아빠가 폭발하고 말았다. 다툼은 걷잡을 수 없었고 급기야 당장 '나가라' '나가겠다'에 이르렀다.

 하룻밤을 뜬눈으로 보내며 그녀가 내 생각을 했단다. 남동생의 방을 떠올렸다며. 동생은 수련의로 근무 중이었고 주말에도 못 올 때가 많아 방은 거의 비어 있었다. 그녀에게 그 작은방은, 물에 빠져 허우적대다가 잡은 지푸라기였으리라. 큰 짐은 시골 친가로 보내고 최소한의 짐만 꾸린 현수네는 우리 집으로 옮겨왔다. 그렇게 함께 산 날이 두어 달쯤 되었을까. 눈에서 멀어지면 마음에서도 멀어진다고 그러구러 소식은 끊어졌던 터였다.

3. 집으로 가는 길

혹시나 하고 옛날 번호를 눌러봤다며 반색하던 그녀가 까르르 웃으며 '훤칠한 군인 아저씨'의 안부를 물었다. 훤칠한 군인 아저씨, 한여름 밤을 오싹하게 했던 그 밤의 해프닝을 어찌 잊을까.

현수네가 우리 집에 살던 때의 어느 주말이었다. 동생에게는 양해를 구했기 때문에 문제가 없었는데, 무시로 드나들던 총각이 있었음을 간과했다. 군 복무 중이던 이종사촌 동생이었는데 그가 집 열쇠를 가지고 있었다. 외박이나 휴가 나올 때면 친구들과 '밤드리 노닐다'가 도둑고양이처럼 살금살금 들어와서 동생 방에서 자곤 했다. 그가 오는 건 정기적이 아니어서 나는 신경 쓰지 않았다.

어느 주말, 거나하게 취한 군인이 오밤중에 대문을 열고 들어왔다. 식구들이 깰까 봐 살금살금 형의 방으로 스며들었고, 잠든 형이 깰까 봐 조용히 옷을 벗은 후 윗목에 얌전히 누웠다. 인기척을 느낀 현수 엄마는 당연히 남편이려니 했다. 현수 아빠는 공장에서 기거했고 주말에 가끔 들르던 터였다. 잠결에도 술내가 요란해서 '웬 술을 그렇게 먹었냐.' 끌탕했다. 옷을 훌떡 벗고 누웠던 국군 아저씨, 뜻밖의 여자 목소리에 술이 확 깼고 둘은 동시에 비명을 질렀다.

현수 엄마가 깔깔 웃으며 그래도 그 시절이 재미있었단다.

추억은 세월에 여과되어 미화되기 마련이지만 그렇다 하더라도 저렇게 밝게 웃으며 그 시절이 재미있었다고 말할 수 있는 건 세월의 힘이리라. 내가 아등바등 해결하려고 애썼던 것들이, 돌아보니 세월이 해결해주었더라는 누군가의 이야기가 생각났다.

그랬다. 사는 일은 여의치 않았고 예기치 않은 일은 복병처럼 숨어 있었다. 내가 해결할 수 없던 각가지 일들이 견디다 보니 어느 시점에선가 해결되어 있곤 했다. 세월의 힘이 아니라면 어떻게 설명할 수 있을까.

며칠 후 택배가 왔다. 현수가 보낸 것이었다. 미용실 원장이 되었다더니 샴푸며 린스 헤어 에센스 등을 가득 담은 한편에 예쁜 케이크와 또박또박 쓴 손편지가 있었다. 참으로 오랜만에 손편지를 읽으며 어린 현수가 떠올라서 웃음이 절로 났다.

어릴 때도 얼마나 야무지던지 학교 갔다 오면 제 도시락은 물론 오빠 것까지 뽀득뽀득 씻어 물기를 탈탈 털던 모습이 눈에 선했다. 엄마 닮아서 손끝이 야물고 싹싹하니 미용실 운영도 잘할 것 같았다.

옷은 새 옷이 좋고 사람은 옛사람이 좋다고 했다. 멀지도 않은 곳에 산다고 하니 조만간 밥 한번 먹기로 했다. 많이 변했겠지, 내가 변했듯이.

  빠르게 변히는 세월은 사람 사이를 건조하게 만든다. 깊은 우정 대신 필요에 따라 가볍게 정을 주고받다가 돌아서면 그만이다. 세련의 척도가 되는 '쿨' 대신 곰삭은 우정은 생각만으로도 군불을 넉넉히 지핀 아랫목에 앉은 듯하다.

버리지 않은 꿈은

동네 어귀에서 뻥튀기 차를 보았다. 트럭에 기계를 실은 채 튀밥을 튀겨내고 있었는데 사람들이 빙 둘러서 있었다. 가까이 가서 보니 동네 터줏대감이던 대성슈퍼 주인 내외였다. 아저씨는 기계를 돌리고 아주머니는 수다를 떨며 튀밥을 팔고 있었다. 슈퍼가 '24시 편의점'으로 바뀐 것은 알고 있었지만, 어떻게 저런 변신을 했을까. 마침 아주머니는 신나게 그 경위를 설명하던 참이었다.

자식들 공부시켜서 짝 지우고 나면 돈 쓸 일이 없을 줄 알았단다. 그래서 평생 운영했던 가게를 처분했다. 하루도 맘 편케 쉴 수 없으니 힘에 부치기도 했고 대형마트가 생기면서 장사도 예전 같지 않았다. 놀면 세상 좋을 줄 알았는데 영 답답하고 돈도 궁했다. 하나 둘 늘어나는 손주 과자값도 더 넉넉했으면 좋겠고, 갚아야 할 부조도 만만치 않았다. 게다가 백세 시대기 온다고 여기서기서 위협해대니 놀아서는 안 되겠다 싶었다.

고심 끝에 새로운 아이템을 구상했다. 트럭을 몰고 돌아다니며 뻥튀기도 팔고 팔도강산 구경도 한다는 것이었다. 운전하기 위해서 환갑을 훌쩍 넘긴 아저씨가 면허시험에 도전했는데 몇 번이나 떨어졌는지 모른다며 아주머니는 고개를 절레절레 흔들었다. 여비를 벌어가며 여행을 한다니 그야말로 도랑 치고 가재 잡기가 아닌가. 생계를 전적으로 감당해야 한다면 고달픈 일이겠으나 의무를 끝낸 노부부의 제2의 인생 설계는 한 됫박쌀이 한 자루로 부풀어지는 일만큼이나 흥겨워 보였다. 허연 침을 튀겨가며 웅변하듯 큰 목소리로 이야기하는 사이사이, 트럭 아래 구경꾼들은 '햐' '그려' '잘했네' 추임새를 넣었고 연사는 더욱 신명이 났다.

아주머니의 이야기를 듣고 있는데 가슴이 설레기 시작했다. 까맣게 잊고 있던 꿈이 생각난 것이다. 집에 들어서자마자 장롱 속의 운전면허증을 꺼내 보았다. 이것을 손에 넣기까지 겪은 우여곡절이 떠올라 새삼 웃음이 났다. 내가 운동신경 무딘 것은 자타가 공인하는 사실이지만 그 정도일 줄은 나도 몰랐다.

처음 핸들을 잡았을 때 좌회전·우회전이 헷갈렸다. 나는 왼쪽과 오른쪽을 구분하는 것이 약간 어려운데, 초등학교 교사인 친구가 '공간 지각 능력 부족'이라고 지적했다. 저학년일 때 조금만 훈련하면 쉽게 극복할 수 있는데 아쉽다고 덧붙였다. 부족이라 했지만 장애가 아닐까 싶을 만큼 난감할 때가 많다.

좌회전·우회전에서 이미 얼어버린 나는 다음날부터 손등에다 사인펜으로 좌·우라고 커다랗게 써놓고 핸들을 잡았다. 내 손등을 본 강사가 땅이 꺼져라 한숨 쉬었다.

밟지 않아야 할 선을 밟아서 떨어지고, 밟아야 할 선을 밟지 못해 떨어지고, 이 모두를 간신히 통과해서 아싸 이번에는, 싶으면 시간 초과로 떨어졌다. 한 번은 의자가 당겨지지 않았다. 발이 액셀에 닿지 않아서 끙끙대다가 출발도 못 해본 채 끌려 나왔다. 나는 낙오자의 전형을 있는 대로 모조리 답습했다. 인지 붙이는 난이 없어 새 종이를 덧대고서야 간신히 합격하긴 했는데 운전은 이미 넌더리가 난 뒤였다. 예견된 코스이듯 내 면허증은 장롱 속에서 긴 잠을 자게 되었다.

왼쪽과 오른쪽을 구분하는 것도 힘든 주제에 운전을 꿈꾼 이유가 비현실적이기는 했다. 현실적인 계획은 애초에 없었다. 텔레비전에서 온전한 집 한 채로 개조된 버스를 본 이후였다.

숙식이 차 안에서 해결이 되게 개조된 버스는 그림을 그리는 한 남자의 '존재의 집'이었다. 그는 자신의 그림을 세상에 보내는 연애편시라고 했다. 집을 이고 다니는 소라게처럼 그는 버스로 전국을 누비며 강물의 끝을 더듬기도 하고 바람의 흔적을 화폭에 담기 위해 애쓰기도 했다. 개펄이 어떻게 절묘한 무늬를 만들어 내는가를 지켜보며 공들여 연애편지 쓰듯 그림을 그렸다. 아무도 기다리지 않은 연서를 쓰고 또 쓰는 남자의 모습은 감동적이었다. 나는 그 진지한 눈빛에 매료되었고 그것을 흉내 내보고 싶었다.

당장은 실현 불가능일지라도 언젠가는 꼭, 다짐하면서 첫 단계로 운전면허시험에 도전했다. 여고 시절 단짝 친구는 기타가 갖고 싶어서 피크를 먼저 구했고 이제 기타만 있으면 된다며 즐거워했다. 내 면허증은 친구의 피크 같은 것이었다. 우수수, 추풍낙엽처럼 떨어지는 불합격자의 전형을 있는 대로 답습하면서 대책 없는 비현실성에 대해서 깊이 자책했고 내 능력에 대해서도 충분히 절망했다.

긴 잠에 취해 있는 면허증을 쓰다듬으며 나는 계획을 세운다. 막연한 꿈이 아니라 구체적인 계획이다. 세월의 힘일까. 핸들을 잡을 수 있을 것 같은 배짱이 먼저 생겼다. 슈퍼 아저씨는 트럭을 운전하기 위해서 환갑을 넘긴 나이에 면허증을 취득하느라 고생했지만 내겐 이미 쫑(?)이 있지 않은가. 부족한 '공간 지각 능력'은 반복 훈련으로 극복할 수 있으리라. 백세 시대인데 자유로운 제2의 인생 설계를 위해서라도 더는 미루지 말자. 어쩌면 마법처럼 '존재의 집'을 갖게 될지도 몰라. 버리지 않은 꿈은 이루지 못해도 아름답다고 했다.

긴 수다

재채기와 사랑은 숨길 수 없다 했던가요. 때 없이 그대가 생각나고 웃음이 나네요. 아무래도 사랑에 빠진 것 같아요. 만날 날을 손꼽아 기다리며 한 주를 보냈고 바로 오늘입니다. 그대에게 가는 길을 열어 줄 버스는 오늘따라 금방 달려오네요. 늘 나를 걸고넘어지던 머피의 법칙이 비켜 가는 걸 보니 역시 좋은 날입니다. 습관처럼 보던 오늘의 운세도 막힌 일이 술술 풀린다 했거든요. 마음은 벌써 그대 앞에 섰는데 차는 가다 서다 합니다.

어디론가 떠나는 사람들로 북적대는 서울역 앞을 느리게 지나갑니다. 여행자의 뒷모습엔 설렘이 묻어납니다만 그건 내 시각일 겁니다. 기차는 빠르고 편리한 이동 수단일 뿐이지요.

어린 시절 이사를 해 본 적이 없던 나는 전학생이 부러웠습니다. 그들이 가는 곳은 혹은 떠나온 곳은 어떨까. 미지의 세상에 대한 호기심으로 그들 곁을 서성거렸지요. 떠나는 아이에게 편지하라 당부했고, 오는 아이와는 친해지고 싶었습니다.

5학년 때 짝은 부산에서 왔다고 했습니다. 책으로만 배웠던 도시에서 그 아이가 살았다는 것이 신기했습니다. 나는 그때까지 기차 구경도 못 했거든요.

사방이 산으로 둘러싸인 내 고향은 산내면, '산 안'을 벗어나 본 적이 없었지요. 친구가 들려줄 도시 이야기가 궁금했지만, 그는 내 호기심은 관심 밖이었네요. 새엄마와 친해질 수 없어서 할머니가 사는 시골로 전학 왔던 짝은 밤하늘에 엄마별이 있다며 눈물을 글썽이곤 했습니다.

기차를 처음 본 것은 6학년 때였습니다. 졸업 여행지로 서울이 결정되고 디-데이를 학수고대하던 중, 무슨 연유인지 여행 계획이 무산되고 말았습니다. 회비를 돌려받던 날 철없이 펑펑 울었던가 봅니다. 난감했을 선생님이 '다음에 부산 구경시켜 줄게' 하셨지요.

늦가을의 어느 주말, 부산 선생님 댁으로 가는 행운을 서너 쥐게 되었네요. 난생처음 기차를 보면서 타는 영광까지 누리게 되었으니 엄청난 행운이었지요.

기차가 꽥 소리 지르며 달려들던 공포스럽던 순간이며, 내 몸이 통째로 말려들 것 같던 상한 바람, 그 거대한 검은 물체의 번들거리던 몸체, 그것을 지탱해 주던 바퀴는 의외로 너무 작아 불안해지던 기분 같은 세세한 부분까지도 세상에나, 생각이 나네요.

다른 기억은 거의 없는데 기차에 관한 한 디테일한 부분까지 그려지는군요. 그것은 아마도 '새가 알을 깨고 나오는 순간'으로 각인되었나 봅니다.

서울역을 지나오면서 수다가 길었군요. 걷듯이 역을 지나온 버스는 남대문을 지나 명동에 닿습니다. 명동거리는 아직 한산합니다. 아침 시간이기 때문이지요.

해가 기울고 어둠이 깔리면 청춘들은 골목골목에서 함성처럼 터지겠지요. 젊음은 왜 야행성일까요. 그 시절을 건너온 지 오래된 나는, 청춘의 한가운데 서 있는 딸아이와 가끔 부딪칩니다.

더디게 충무로에 도착합니다. 오전의 충무로 역시 조용하군요. 오후면 그곳 또한 젊음이 장사진을 이루겠지요. 대한극장 앞, 한때 영화에 심취한 젊은 남편과 그를 따라다니느라 숨이 턱에 찼던 아내가 생각나 혼자 웃습니다.

만삭의 배를 끌어안고 심야 극장을 즐겨 찾던 그런 시절이 내게도 있었군요. 굳이 심야냐고요? 거야 심야가 싸기 때문이었겠지요. 조조할인처럼. 아, 아닌 것 같습니다.

영화가 끝난 후 귀갓길은 전쟁터를 방불케 했지요. 택시를 잡느라 난리였거든요. 충무로에서 사당까지, 만만치 않았을 택시비를 감안하면 할인이 이유는 아니었네요. 아하, 젊음의 특징인 야행성이었나 봅니다. 개구리가 올챙이 시절을 잊지 않는다면 세대 간의 갈등은 줄어들 테지요.

버스는 천천히 대학로에 들어섭니다. 마로니에 광장에는 비둘기가 옹기종기 모여 앉아 바람에 깃을 말리고, 그 옆에는 한 무리의 사람들이 웅성거리고 있습니다.

무슨 일인지 궁금해서 목을 빼고 봅니다. 싸움이 났군요. 아마도 그곳에서 밤을 새운 사람들이겠지요. 극심한 경기침체로 노숙자는 자꾸 늘어납니다.

비둘기는 평화로워 보이는데 사람들은 평화롭지 못한 현실이 안타깝네요. 싸움은 더욱 격렬해집니다.

여고 때 국어 선생님은 싸움 구경과 불구경을 좋아하노라 하셨습니다. 자다가도 벌떡 일어난다던 말씀에 배꼽을 잡았지요. 늘 엄숙할 뿐 좀체 표정을 읽을 수 없던 분이 허둥대며 안경을 찾아들고 잠옷 바람으로 나서서 구경하는 모습은 상상만으로도 웃음이 났습니다. 웃음 포인트가 널려 있던 때였으니까요.

선생님은 내게 작가가 되라고 말씀하신 적이 있습니다. 마치 출석부를 교탁에 내려놓듯 무심히 내 책상 위에 '말씀'을 놓으셨습니다.

세월은 흐르는 것이 아니라 쌓인다는 말에 공감합니다. 차곡차곡 쌓인 세월의 갈피 속에 추억이 숨 쉬지 않을까요. 선생님의 말씀 또한 어느 갈피에 숨어 있었던가 봅니다. 발아하지 못했지만 썩지도 못한 듯, 불현듯 생각나네요.

묘한 감정이 일렁입니다. 연어처럼 거슬러 올라가 그 언저리에 닿을 수 있다면 어떨까 상상해봅니다. '언어로 존재의 집'을 짓는 일이 얼마나 어려운가는 일찌감치 체득했고 그래서 미련 없이 접었는데, 그랬다고 생각했는데, 그런데 이 마음은 무엇일까요.

활활 불태워 깨끗하게 재만 남았다면 이 미진함은 없겠지요. 숲속의 두 갈래 길, 오랫동안 바라보다 돌아섰던 그 길에 대한 모호한 감정은 마치 형체는 사라지고 이미지만 남은 첫사랑 같습니다.

길은 갈수록 정체되네요. 조바심치지 않으려 애쓰며 가고 있습니다. 돈암동을 지나 미아리 고개를 넘으면 마침내 그대가 보이기 시작합니다.

섬세하면서도 도도한 위용을 뽐내며 그대가 거기 우뚝 서 있습니다. 인수봉의 하얀 이마가 오늘따라 더욱 빛나고 백운대와 만장봉이 함께 어우러진 삼각의 안정된 그림은 더없이 믿음직합니다.

따로 또 같이 빛나는 삼각산에 반해서 나는 날마다 그리움에 마음 졸입니다. 바라보는 것만으로도 이렇게 두근거리니 어찌하면 좋답니까.

종점이 가까울수록 버스는 텅 비고 내 머리도 비어갑니다. 산에 들 생각으로 마음만 바쁠 뿐이네요. 숲의 정수리를 밟으며 달려오는 바람에게 몸을 맡길 땐 최대한 릴렉스, 릴렉스해야지요.

그래야 그대의 선물인 신선한 피돌기를 오롯이 느낄 수 있을 테니까요. 성큼 그대 품에 듭니다.

쉿, 긴 수다는 이제 그만.

울적한 날엔

 울적한 날엔 만사 덮어두고 배낭에 물통 하나 달랑 넣고 집을 나선다. 흔들리는 마음을 다잡듯 등산화 끈도 바짝 묶는다. 도봉산의 끝자락인 동네 뒷산은 누가 봐도 산인데 높이조차 측정받지 못한 채 근린공원이 되어버렸다.

 들머리는 가팔라서 내처 오를라 치면 등줄기로 땀이 흥건하다. 연두에서 초록으로 넘어가고 있는 지금, 산은 흰 꽃의 향연이 눈부시다. 하늘 높이 뭉게구름처럼 걸린 아카시아꽃과 키를 낮춘 찔레꽃이 경쟁하듯 향훈을 풀어낸다. 지난밤엔 비가 살짝 다녀간 모양이다. 흙내 맡으며 촉촉한 숲길을 걷는다. 몇 걸음에 내 몸이 순간 이동했을까. 먼 여행지에 온 듯, 보이는 것 모두가 신선하게 빛난다. 울적한 기분으로 집을 나선 것이 불과 십여 분 전이다.

능선을 따라 한참 걷노라면 북한산 둘레길인 왕족 묘 길을 만난다. 그 길이 끝나는 곳에 연산군묘와 원당샘공원과 서울시 지정보호수인 방학동 은행나무가 어깨동무하듯 모여 있다. 그곳에서 도보 십여 분 거리에 김수영 문학관과 한글 창제에 숨은 공이 지대한 정의공주 묘도 함께 있다.

어느 주말이었다. 한 무리의 젊은이들이 연산군 묘에 모여 있고 해설사의 설명이 이어지고 있었다. 나도 해설사의 안내를 받으며 동네 투어한 적이 있지만 그날은 분위기가 조금 다르게 느껴졌다. 관객들의 눈은 면면이 빛이 났고 해설 역시 달랐다. 내가 들은 해설이 기초학습반이라면 그날은 심화학습반의 강의였다. 그 분위기에 끌려서 나도 뒷전에 서서 귀 기울였고 그들이 경북 지역의 국어 선생님들인 것을 알게 되었다. 교사 모임에서 1박 2일로 답사 여행 중인데 마침 우리 동네에서 현장 수업이 있었던 모양이다. 동네가 새삼 자랑스러웠다.

원당샘공원의 샘물은 오늘도 여전히 졸졸 흐른다. 육백여 년 전의 우물이 샘물로 바뀌었을 뿐 한 번도 마른 적이 없다고 한다. 지금도 정기적인 수질검사를 통과하며 식수로 이용되는 곳이다. 요즘이야 가끔 지나가는 나그네가 목을 축일 테고 간간이 근동의 주민들이 물을 받아 갈 뿐이지만 오래전의 우물가는 어땠을까.

정지에 기대앉아 상상의 나래를 편다. 눈앞에는 연못 가득 수련이 떠 있고 졸졸졸… 쉼 없이 이어온 세월의 소리는 자장가처럼 편안하다.

이른 새벽 여명 속에 물을 긷는 이는 누구였을까. 아무도 다녀가지 않은 첫새벽 첫물을 얻기 위해 여인은 경건한 마음으로 두레박을 내렸으리라. 첨벙, 때로는 놀란 달빛을 함께 길어 올렸을까. 정화수 앞에 놓고 몸을 낮춘 여인의 비손은 가정을 지키고 나라를 지키는 근간이 되었겠다. 저 우물가에도 앵두나무 한 그루쯤 있었을까.

물동이를 든 여인들이 하나둘 앵두나무 우물가로 모여든다. 머리에 흰 수건을 쓴 동네 아낙들, 친구 같은 그들 속으로 슬며시 다가간다. 오늘은 누구든 붙잡고 수다를 떨고 싶은 울적한 날이다.

-혼자 살던 친정엄마를 모셔 왔더니 늘 좋지만은 않아 오늘은 일없이 엄니가 뵈기 싫어 집에 드가기가 싫으니 우짜믄 좋을꼬.

두레박을 든 여인이 손을 멈추고 연세가 몇이냐고 묻는다. 망백이라고 하자 연달아 정신은 어떠냐고, 운신은 하시냐 물어준다. 정신도 맑고 운신도 웬만하다고 하니 아낙은 뭐가 문제냐는 듯 나를 흘겨본다.

-그라믄 됐다고? 그렇기는 하제. 근데 왜 한 번씩 뒤틀리는지 모르긋어. 오늘이 그런 날이여.

나는 여인의 뒤통수에 대고 혼자 중얼거린다. 수건을 쓴 여인이 끙, 신음과 함께 물동이를 이고 끌끌 혀를 차며 돌아선다. 한 시절 저쪽, 저들의 삶에 빗대면야 부끄러울 뿐이다.

졸졸졸 쉼 없이 흐르는 샘물을 받아 배낭에 담고 되짚어 산길을 걷는다. 짧은 여행이지만 울적함을 털어내기에 충분하다. 차를 타지 않고도 여행 기분을 낼 수 있는 우리 동네야말로 힐링 그 자체이다.

나날이 가벼워지는 어머니가 안타까워서 모셔왔다. 아무도 강요하지 않은 내 선택이었지만 가끔 갈등을 느낄 때가 있다. 기분전환이 필요한 이유이다. 산길을 걷고 있노라면 엉킨 마음은 절로 풀어진다. 산의 에너지 덕분이리라.

이곳으로 이사 온 지 어느새 십여 년이 되어간다. 이순 고개에 이르기까지 여러 곳을 전전했지만 가장 흡족한, 명품 동네이다.

철새는 날아가고

 습관처럼 켜 놓은 라디오에서 익숙한 노래가 흐른다. 오솔길 옆 숲속의 가지에 금빛이 물들어-- 페루의 민요를 번안한 곡, 철새는 날아가고.
 노래처럼 빠르게 순간 이동하는 수단이 또 있을까. 철새를 보겠다고 길은 나서서 좌충우돌하던 여행이 엊그제 일처럼 떠오른다.

 먼 시베리아에서 무리 지어 이동하는 철새 떼의 군무는 장관이었다. 텔레비전을 보는데 그들을 직접 보고 싶은 충동이 일었다. 친구 다섯이 의기투합해서 길 위에 섰다.
 용산역에서 기차로 홍성까지, 다시 서산행 버스를, 또다시 간월도로 가는 시골 버스로 갈아탔다. 차편은 바로바로 연결

되지 않았고 드물게 다니는 시골 버스는 논두렁 같은 길을 휘돌아 서너 집이 사는 동네까지 안부 묻듯 들여다본 후 돌아 나오기를 거듭했다. 간월도에 도착했을 땐 철새 대신 장엄한 일몰이 기다리고 있었다.

철새야 기다려라 너를 만나러 내가 간다, 하늘 향해 간절한 염원을 보냈건만 무정할 사 철새는 떠나버린 후였다. 남쪽 주남저수지로 이동해버렸단다. 새를 만나겠다고 불원천리 달려온 꼴이 우습게 되었다.

새의 이동을 누가 정확히 예측하겠느냐며, 혼자 남아 퇴근 준비 중이던 직원이 딱해했다. 엊그제만 해도 일부는 남아있었는데 이젠 완전히 떠난 것 같다며 관리사무소도 곧 철수할 예정이란다. 그는 선심 쓰듯 '문 닫을 시간은 지났지만 비디오라도 보겠느냐'고 물었다. 날은 저물고 갈 길도 멀었지만 해종일 달려 도착한 터라 못내 아쉽던 참이었다. 직원의 배려로 화면으로나마 철새 떼의 군무를 감상하고 밖으로 나오니 땅거미가 짙어졌다.

막차도 끊겼다. 숙소를 예약하지 않았다면 적당한 곳에 여장을 풀 수 있겠으나 이미 완불한 터였다. 간월도에서 대천행 버스정류장까지 갈 길이 아득했다. 이 사태를 어떻게 할 것인가, 의견을 모으고 있는데 저만치서 시동 걸고 있는 봉고차가 눈에 띄었다. 누가 먼저랄 것도 없이 우르르 뛰었다.

3. 집으로 가는 길

차는 누구를 태울 처지가 아니었다. 운전석과 조수석 뿐 뒤칸은 아예 짐만 싣게 개조한 생선 운반차였다. 두 젊은이는 이러저러해서 태울 수 없음을 친절하게 설명하며 미안해했지만 체면 불고하고 통사정할 수밖에 없었다. 그들은 몹시 난감해하면서 뒤칸에 매트를 깔아주었고 우리는 비린내 속에 짐짝처럼 몸을 구겼다.

창문을 활짝 열어젖혔다. 철새의 군무가 장엄했을 하늘에는 초승달이 싸늘했고 들이치는 초겨울 밤바람은 마음까지 얼어붙게 했다. 인체 감각 중 가장 먼저 피로를 느끼는 기관이 후각이라 했던가. 과연, 온몸을 절여버릴 것 같던 비린내가 차츰 덤덤해졌다. 코가 제풀에 지쳐 파업 모드로 돌입한 듯, 창을 하나씩 닫을 수 있었다.

수다가 이어지기 시작했다. 색다른 경험에 어린아이처럼 흥이 난 친구들의 목소리가 커졌다. 젊은이가 흥을 보든 말든 노래도 부르고 깔깔 웃는 동안 싸늘하던 초승달도 비로소 표정을 풀었다. 비린내가 스러진 공간으로 음악이 흐르기 시작했다.

오솔길 옆 숲속의 가지에ㅡㅡ

철새도 못 본 채 막차마저 놓치고 잡힌 생선처럼 옹색하게 앉은 우리를 위로하는 노래 같았다. 덕분에 기분이 한결 고조되었고 젊은이의 배려로 무사히 대천행 버스 정류장까지 이동할 수 있었다.

 승용차 여행이 백화점 쇼핑이라면 대중교통 여행은 오일장 쇼핑이랄 수 있을까. 쾌적하게 여행지로 이동하는 대신 온갖 구경 다 하던 그날의 여행 중 클라이맥스 같은 일화는 지금도 선명하다.

 서산에서 간월도행 버스를 탔을 때였다. 어느 마을 입구에서 지팡이를 짚은 노인이 차에 올랐다. 그러자 앞에 앉았던 노파가 엉거주춤 일어서며 자리를 양보했다. 두 어른은 오십보백보, 양보하고 양보받을 처지가 아니었다. 흔들리는 차 안에서 앞네 마네 실랑이하자 옆에서들 할머니를 저지시켰다. 그러자 할머니가 몹시 언짢은 듯 목소리를 높이며 손가락 넷을 구부정하게 펴 보였다.

 -저 냥반이 나보담 니 살 많으유.

 '니 살이 많은 냥반'이므로 당연히 당신이 자리를 양보해야 한단다. 누군가가 할아버지께 자리를 양보하면서 사태는 수습되었다. 뒷좌석에서 다리 쭉 뻗고 앉아 구경 삼매에 빠졌던 나는 휴머니즘이 짙게 깔린 영화의 한 장면을 보듯 잔잔한 감동에 빠져 들었다.

 동네 어르신께 자리를 양보하고 싶은 할머니의 의지는 지금 생각해도 웃음이 난다. 이웃사촌의 현주소를 누구보다 정확히 읽어가며 함께 저물어 가는 누 어른의 뒷모습이 서해의 노을처럼 아름다운 풍경으로 남아 있기 때문이다.

그날의 좌충우돌을 떠올리며 그 시절 벗들을 생각한다. 철새처럼 날아가 버린 시절인연들이 하나둘 떠올랐다가 넘기는 책장처럼 사라지는 저녁이다.

그 여자의 호주머니

오래전, 출근하듯 산에 다니던 때가 있었다. 바닥 친 체력을 끌어올리느라 등산을 시작했는데 가랑비에 옷이 젖듯 산의 매력에 흠뻑 젖어든 것이다.

그 무렵 어느 날이었다. 너럭바위에 앉아 땀을 식히고 있는데 지나가던 그 여자가 다가왔다.

-밥 좀 먹을게요. 혼자 먹기가 그래서요.

스쳐 지나면서 눈인사는 했어도 대화는 처음이었다. 여자는 호주머니에서 꼬깃꼬깃 접힌 깔개를 꺼내 앉더니 다른 주머니에서 김밥을 꺼냈다. 이미 눌러 만든 밥이지만, 최소한의 부피로 주머니에 들어가야 하기에 한 번 더 눌렀다며 김밥 봉지를 장난스레 흔들었다.

여자는 조그만 물병의 물을 홀짝거리며 김밥을 먹기 시작했다. 하나 먹어보라는 빈말도 하지 않았다. 인사치레조차 없이 혼자 밥 먹는 사람을 보고 있는 건 멋쩍었다. 맛있겠다며 말을 건넸더니 눈을 반짝이며 하나 드릴까요, 하는데 표정이 진지했다. 진지함에 끌려 엉겨 붙은 김밥 하나를 받아 들었다. 서먹하던 사이도 목욕탕을 함께 가면 친해지듯 우리는 찌그러진 김밥을 나눠 먹으며 오랜 친구처럼 편해졌다.

 식사 후 내가 내민 커피를 마시며 여자는 장난기 가득한 얼굴로 호주머니에 든 물건을 꺼내기 시작했다. 껌 사탕 초콜릿 몇 개, 작은 립스틱과 로션, 어디서 구했을까 싶게 앙증맞은 거울과 빗, 손가락보다 조금 큰 물병, 치실 등이 너럭바위 위에 펼쳐졌다. 나는 허리를 접으며 소인국의 장난감 가게를 구경하듯 들여다보았다. 특히 거울이며 빗 물통 같은 소품이 눈길을 잡았다. 내가 관심을 보이자 그녀는 해외여행 중에 하나씩 사 모았다며 집에도 여러 개 있다고 자랑스레 말했다.

 등산 중에 필요한 최소한의 물품이 가장 작은 부피로 호주머니에 담긴 여자의 윗도리는 특수 제작한 자신의 작품이라고 했다. 그의 등과 가슴에는 이미 가득 찬 배낭이 매달려 있었다. 여자는 선천적 척추장애인이었다.

 오가며 그를 볼 적에는 얼마나 불편할까 안됐다 싶은 마음이었다. 그런데 그날 너럭바위에 앉아서 이야기 듣는 동안, 나는 마치 고속 촬영한 우화의 과정을 보는 듯한 착각에 빠져들었다. 뭉툭한 애벌레가 몸피를 벗으면서 아름다운 날개를 펼치듯 여자의 작은 키가 점점 커져서 마침내 풍성한 그늘을 드리운 아름드리나무처럼 느껴졌다.

그녀는 고교 졸업 후 곧장 시장에 뛰어들었다고 했다. 장애를 걱정하며 모두 반대했지만 개의치 않았다. 오빠의 옷가게에서 오랫동안 점원으로 근무하다가 오빠가 이민 가게 되면서 가게를 물려받았다.

현장에서 키운 감각을 살려서 제품 공장까지 사업을 확장했다. 삼십 년 넘게 열심히 일했던 그는 잠을 실컷 자는 것이 소원이었다. 남들이 결혼하고 자식 낳아 키우는 동안 오로지 돈 버는 일에만 몰두했다.

혼자 살기 위해서는 경제적으로 자립해야 함을 수없이 다짐했다. 노력에 보답하듯 여자의 경제는 자립의 수준을 훨씬 넘은 듯했다.

긴 세월 삶의 현장에서 체득한 이야기는 활어처럼 싱싱하고 거침없었다. 신제품 하나를 만들기 위해 수없이 재단하고 몇 번이고 고쳐 박음질하는, 그 모든 과정을 스스로 해냈다. 대표가 할 줄 알아야 종업원을 제대로 다룰 수 있다는 것이 여자의 지론이었다.

앞만 보고 달리던 그의 몸에 이상이 생겼다. 자궁적출술을 받게 되었고 입원해 있는 동안 소원이던 잠을 실컷 자면서 자신을 돌아보았다. 그만 쉬고 싶다는 생각이 간절했다. 퇴원하자마자 가세를 지인에게 넘기고 북한산 자락으로 이사했다. 일주일에 두어 번 공장을 둘러보기만 하는데 그 일도 정리 중이라 했다. 맑은 산 공기에 반해서 번잡한 시장은 생각만으로도 머리가 아프단다.

산 초입의 약수터에서 어르신들께 커피를 대접하며 그들이 살아온 이야기를 듣는 일이 가장 재미있다던 여자, 어떻게 지내고 있을까. 그때가 오십 초반이었으니 몸을 회복한 후 또다시 생산적인 일에 뛰어들지 않았을까 짐작해 본다.

여자는 타고난 장애에 맞서 적극적으로 자신의 삶을 재단했다. 가방을 드는 것도, 매는 것도 싫다며 호주머니를 요술주머니처럼 숨기기도 하고 멋스럽게 드러내기도 하며 자신에게 가장 어울리는 실용적인 작품으로 승화시켰다. 삶에 당당히 마주 선 여자의 당찬 눈빛에 깊이 매료되었던, 오래전 어느 하루였다.

편지

편지의 매력을 알게 된 것은 중학교 이 학년 때였다.

초여름쯤으로 기억되는 어느 날 귀갓길이었다. 하늘을 찌를 듯한 미루나무가 양쪽으로 도열해 있는 제1교문과 2교문 중간쯤에서 학교 심부름하던 아이를 만났다.

그는 까맣게 빛나는 뾰족구두를 들고 있었다. 호기심이 발동한 내가 어디 가느냐고 물었다. 그는 영어 선생님 집에 구두 갖다 놓으러 간다고 했고, 나는 인심 좋은 누이처럼 그 심부름을 대신하겠다고 말했다. 우리 집이 영어 선생님 옆집인 것을 아는 그는 웬 떡이냐는 듯한 얼굴로 두말없이 구두를 건네주었다.

난생처음 만져보는 장난감 쪽배 같은 뾰족구두를 들고, 선생님 집을 지나 우리 집으로 내닫고 말았다. 집에 오자마자 방문을 닫아걸고는 냉큼 구두를 신어보았다. 키는 금세 사촌 오빠만큼 커져서 까치발로 간당간당 손끝이 닿던 선반에 가만히 선 채로 손이 얹혔다.

기분이 업된 나는 빨래판 만한 면경을 벽에서 떼어내어 방바닥에 비스듬히 세워놓은 후 뾰족구두에 담긴 내 발의 앞태도 보고 뒤태도 보며 황홀경에 빠져들었다. 손을 허리춤에 올린 채 빙그르르 한 바퀴 돌아도 보았다.

도가 지나쳤던가, 사달이 나고 말았다. 굽 하나가 삐딱하게 틀어져 버린 것이다. 아찔했다. 이리저리 만져보았으나 그럴수록 굽은 더 삐뚤어지는 것 같았다. 안절부절못하고 엎드려 편지를 쓰기 시작했다.

이실직고하는 수밖에는 방법이 없었다. 미국 대통령 누구도 어린 시절 정원의 나무를 망가뜨려놓고 정직하게 고백해서 용서받지 않았던가. 물론 그 생각까지는 못했겠지만.

'선생님 잘못했습니다'로 시작한 편지는 제가요 구두가 너무 신어보고 싶어서 어쩌고 하다 보니 자꾸 길어졌다. 두툼한 편지를 최대한 꼬깃꼬깃 접어서 구두 속에 밀어 넣고 선생님 방문 앞에 갖다 놓은 후 도둑고양이처럼 내뺐다.

이후 선생님이 한 번도 그에 대한 언급이 없었으므로 철없던 나는 편지가 소임을 다 해주었다고 생각했다. 내남없이 어렵던 시절, 선생님이라고 얼마나 더 넉넉했겠으며 구두 한 켤레 장만하기가 지금 같았을까.

그 귀한 구두를 망가뜨렸으니 제자고 선생이고 간에 당장 물어내라고 하고 싶으셨으리라. 선생님 역시 갓 대학을 졸업한, 어리다면 어린 소견이셨을 것을.

그럼에도 불구하고 구구절절 죄송하다를 늘어놓은 철딱서니 제자의 편지를 보며 차마 내색은 못하고 분함을 삭혔으리라 싶어 더더욱 송구스럽다. 어디 계신지 뵐 수 있다면 편안한 구두에 손편지 한 장 담아서 드리고 싶다.

엄청난 잘못을 하고도 편지로 죄의 사함을 받은 나는 그 매력에 빠져들었다. 날마다 만나는 짝에게 쪽지를 건네고, 당시 유행하던 '학교 대 학교 간 펜팔 친구 만들기' 행사에선 욕심스레 편지 세 통을 차지하기도 했다.

남편과도 많은 편지를 주고받았다. 사랑을 키우면서 편지를 썼는지 편지를 쓰면서 사랑이 자랐는지 헷갈리지만, 스마트폰은 고사하고 집 전화도 귀하던 그 시절엔 유일하게 마음을 전할 수 있는 통로가 편지였다.

결혼 후에도 가끔 편지를 썼고 아이들에게도 심심찮게 쪽지 편지를 건네곤 했는데 언제부턴가 나도 펜을 들지 않게 되었다.

너도나도 무언가에 쫓기는 듯 바쁘다를 외치며 살아가는 요즈음, 실시간으로 대화힐 수 있는 장이 많으니 편지는 더구나 손으로 또박또박 쓰는 편지는 아득히 멀어졌다.

편지를 쓰겠다고 다짐하는 계절이다. 누구라도 그대가 되어 받아달라고 애절하게 노래할 만큼 마음이 촉촉해지는 가을, 오랜만에 얼굴 보기 힘든 남편에게 편지를 한번 써볼거나. 느림의 미학을 음미하면서 핸드라이팅으로.

할머니 미국 모르지요?

다니던 대기업을 호기롭게 때려치우고 들어앉아 육아에 몰두하던 딸이 공시생이 되었노라 선언했다. 새벽에 인터넷 강의를 듣고는 아이를 챙겨 어린이집에 보낸 후 도서관으로 가고, 하원 시간에 맞추어 허겁지겁 데려온단다. 그런가 보다 했다.

-엄마가 해주는 밥을 먹고, 도서관 문 열 때부터 문 닫을 때까지 공부만 하는 것들과 경쟁을 해야 한다 생각하면 너무 답답해.

주말에 놀러 온 딸이 이런저런 수다 끝에 눈물을 찍어내기 시작했다. 이미 서너 차례 쓴잔을 들이켠 후였다. 애써 누르고 있던 울음보가 터져버린 듯 꺽꺽거리며 코를 팽팽 풀어대는 딸을 보고 있자니 애간장이 탔다. 그땐 나도 건강이 안 좋아서 일을 쉬던 터였지만 덥석 손자의 하원을 맡기로 했다.

한 시간 반은 잡아야 하는 거리였다. 가는 길에 진이 빠졌다. 그런 데다 다섯 살 수다쟁이는 잠시도 입을 다물지 않았다. 눈길 닿는 것마다 궁금증이 폭죽처럼 터졌다. 먼 출근(?) 길에 이미 지친 나는 왕성한 호기심과 끝없는 질문이 버거웠다. 그래서 머리를 짜낸 게 모르쇠 작전이었다.

할머니 저건 뭐예요? 글쎄 모르겠네. 이건 뭐예요? 몰르, 이따가 아빠나 엄마나 먼저 오는 사람에게 물어봐라잉, 어물쩍 발을 뺐다. 어설피 대답했다가는 손자의 수다 폭탄에 만신창이가 될 판이었다.

시종일관 모르쇠 하니 수다가 고픈 아이는 어법을 바꾸었다. 질문자에서 설명자로.

-할머니 이거 모르죠? 저거 모르죠?

-이건요 재잘재잘…… 저건요, 종알종알……

나는 추임새만 넣어주면 된다. 아 그래, 그렇구나. 신기하네, 비교적 쉽다.

한번은 혼자 동화책을 뒤적거리던 녀석이 구르듯이 뛰어와 나를 앉혔다. 물 묻은 손을 앞치마에 문지르며 엉거주춤 손자와 눈을 맞춘다.

-할머니, 미국 모르지요?

수다가 시작될 모양이다. 나는 고개를 흔든다.

-미국이라는 나라가 있는데요. 대한민국 우리나라는 요만하거든요.

녀석은 제 엄지손가락을 할미 코앞에 갖다 대며 말을 잇는다.

-미국은요 이따만해요.

벌떡 일어서더니 까치발을 한 채 팔을 위로 치켜들어 동그라미를 크게 그린다. 열린 귓구녕으로 주워들은 앎이 넘쳐 주체 못 하는 꼬맹이는 아무것도 모르는 할미가 답답해 죽을 판이다.

쓰다 보니 손자와 보낸 시간이 마냥 힘들기만 했던 것 같다. 천만의 말씀이다. 긴 여정에 시달려서 몸은 처지면서도 어린이집이 가까워질수록 콧노래가 나왔다.

콩콩콩 아이가 목청껏 나를 부르며 뛰어나온다. 힘 조절을 못 하고 와락 안기는 바람에 중심을 잃고 넘어지기도 해 가며 어린이집을 나서는 길은, 하루의 절정이었다. 무슨 말로 그 느낌을 표현하랴. 그 순간만큼은 내게 전적으로 의지하고, 내가 전적으로 보호해야 하는 작은 생명. 녀석의 작고 보드라운 손을 꼭 잡으면 그냥 절정이다 싶었다.

딸은 제 아이를 어떻게 다룰 것인가에 대한 매뉴얼을 반복했다. 데리고 올 땐 편의점에서 뭘 하나씩 사줘라, 초콜릿과 사탕은 안 된다, 놀이터에서 조금 더 놀려도 되고 싫다고 하면 그냥 들어가라, 들어가자마자 손을 깨끗이 씻기고 간식을 조금 줘라, 배부르게 주면 저녁을 안 먹으니 소금만 줘야 한다. 마치 한번도 어린아이를 만져본 적 없는 이웃 할머니에게 당부하듯 시시콜콜. 근심이 넘친다 싶으면 '내가 자네를 키웠소만' 한마디 한다. 딸은 깜빡 잊었다는 듯 시원스러운 기럭지를 앞뒤로 흔들며 웃는다.

고슴도치도 제 새끼는 예쁘다는데 환하게 웃는 딸의 모습을 보고 있노라면 내 세상도 덩달아 빛이 났다. 모성은 젊으나 늙으나 사뭇 동물적이고 따라서 얼마간 무대뽀이다. 비약하자면 무대뽀의 모성이야말로 세상을 받쳐주는 혹은 이어가는 근간이 아닐까 싶다.

할미와의 답답한 시간을 잘 견딘 손자는 어느새 중학생이 되었다. 어려움을 호소하던 딸도 이젠 워킹맘의 내공이 쌓여서 친정엄마 찬스는 쓰지 않는다. 세상에서 나 혼자 할머니라는 빛나는 관을 쓴 듯 우쭐했던 적이 있었으니 바로 '할머니는 미국도 모르던' 그 무렵이었다.

할머니는 몰라

손주 넷을 케어한 소설가 H 선배는, 손주가 이쁜 건 말을 제대로 하지 못할 때까지라며 '언어를 본격적으로 구사하기 시작하면 귀여움은 쑥 빠진다'고 말한 적이 있다. 그땐 공감하지 않았다. 내 손주들이 이쁘기만 할 때라 말을 제대로 한다고 해서 귀여움이 덜해질까 싶었으므로.

꼬맹이들이 쑥 자라고 보니 선배 말이 이해가 갔다. 어린 손주들을 보면서 느꼈던 터질 듯한 기쁨은 어디에서도 느끼지 못했던 소중한 감정이었다. 그 순간들을 기록으로 남기고 싶어 나는 또 노트북을 끌어안는다.

하나, 호~차고언

1번 손자 백승리(작은딸의 아들)가 말을 제대로 하지 못할 때, 그러니까 가장 귀엽던 시절, 효창공원 발음이 어렵던 아이는 호‥차고언이라고 했다. 가끔 외갓집에 오면 들어서지도 않고 호~차고언 가자고 채근했다.

집 앞 공원에 아이를 풀어놓으면 이 구석 저 구석을 팽이처럼 돌아다녔다. 맨발로 걷는 지압 길도 앙증맞은 발을 쏙 내놓고 바짓가랑이도 동동 걷어붙인 채 야무지게 걸었다. 한번은 연못의 올챙이를 잡다가 중심을 잃고 물에 빠지는 순간 내가 잽싸게 뒷덜미를 낚아챘더니 한동안 '하미가 이케 이케 했다'며 제 뒷목을 잡아당기곤 했다.

어깨뼈를 살짝 다쳐서 깁스했다며 전화가 왔던 날, 놀라는 내게 딸이 설명하려 하자 다급하게 내가, 내가, 라며 폰을 뺏는 듯했다. 놀이터에서 놀다가 계단에서 굴렀던 모양인데 토씨는 다 빼고 혀 짧은 소리로 단어만 나열하는데도 희한하게 알아들을 수 있었다.

어느새 여드름 꽃이 만개한 중딩, 동굴 저음으로 인사하는데 볼 적마다 웃음이 난다.

둘, 엄마보다 하~미

2번 손자 조동윤(큰딸의 첫째)이 두 돌도 채 안 되었을 때 3번 동규가 태어났다. 누군가의 도움이 절실했던 터라 내가 그 역할을 맡았다. 아이는 순해서 선선히 나와 눈을 맞추어주었다. 반년을 도맡아 케어했으니 그 정은 각별하다. 동윤이도 마찬가지였다. 다른 손자는 안지도 못하게 하며 나를 독차지했고 엄마라는 말보다 하미를 먼저 불렀다.

엄마, 해보라고 제 어미가 애타게 시켜도 입을 열지 않더니 하미, 하라니까 입을 쩍 벌리며 하~~미 하는 거였다. 이는 동영상으로도 남아 있으니 실없는 할미의 허튼소리가 아님은 언제든 증명할 수 있다.

하~~미를 발음하는 동윤이를 보며 오소소 돋던 소름이 지금도 생생한데 녀석은 기억을 말갛게 지우고 말았다. 아쉽다. 손자는 영원한 짝사랑이라더니 그 말이 딱 맞다.

동윤이도 소년이 되었다. 여드름이 돋기 시작하고 변성기를 지나느라 목소리도 걸걸하다. 요즘은 유튜버로 활약하느라 바쁘다. 나는 백여 명의 구독자 중에서도 거의 선두로 '좋아요'를 누른다. 손자가 하는 일은 무조건 대견한 것이 할미의 마음이다. 학교 공부에 피아노에 프로그램까지 만드느라 하루가 바쁜 신통방통 조동윤, 화이팅!!

셋, 그이고 햄복해야대 (그리고 행복해야 돼)

어느 설 대목, 방앗간을 하는 큰딸네서 머물던 마지막 밤이었다. '내일은 할머니 간다'고 했더니 동윤이는 고개도 들지 않은 채 네, 하고는 그만인데 작은아이 동규가 들락거리기 시작했다. 며칠 같이 있었다고 서운한가, 내심 뿌듯하던 참이었다. 아이가 누워있는 내 머리맡에 바짝 붙어 앉더니 두 손으로 내 볼을 싹싹 쓸며 말했다.

-함머니 밥 마이 먹고 아프지 마.

웃음보가 터졌다. 이건 할미가 손자한테 하는 말이다. 내가 크게 웃으니 녀석은 무언가 더 말해야겠다 싶은 듯 덧붙였다.

-그이고 햄복해야 대

나는 손자의 마법 같은 주문에 걸린 듯 밥을 많이 먹었다. 녀석을 생각하면 절로 식욕이 일었고 배가 두둑하니 정말 햄복해졌다. 그래, 잘 먹고 아프지 말아야지, 그게 행복이지.

넷, 힘드러다

큰딸네가 놀러 왔던 어느 여름이었다. 솔밭공원 분수대에서 실컷 놀다가 우이천의 '물또기'(물고기)를 보며 집으로 가던 길이었다. 서너 살이던 동규에겐 벅찬 거리였다. 게다가 분수대에서 물놀이하느라 기운이 다 빠진 상태였다.

조금 걷더니 '아우 힘드러다'며 나를 쳐다본다. 업어줄까 하니 고개를 외로 꼬며 끄덕이는데 제 엄마가 저지한다. 할 수 없이 못 본 척 걷고 있는데 '아우 다이 아프다'며 제 허벅지를 콩콩 두드린다. 딸은 또 눈짓으로 나를 제압한다. 못 들은 척 걷고 있자니 이번엔 '아우 뼈 아프'라며 주저앉아 버린다.

다리 그늘에 앉아 쉬고 있던 노인이 껄껄 소리 내어 웃었다.

-저런, 애기가 뼈가 아파 우짜꼬. 종일 웃을 일이 없더니 오늘은 너 때문에 실컷 웃겠다.

손자의 점층적 언어 구사에 감읍한 할미가 무릎을 꿇었다. 제 엄마의 눈치를 보며 마지못한 듯 업히더니 늘어져 버린다. 축 늘어져 무게가 더해진 녀석을 업고 일어서는데 어라, 허리가 휘청한다. 마음 장골 핫바지 똥 싼다더니 내가 그 짝이다. 손자를 업는 일은 오늘로써 끝, 혼자 다짐하며 햇빛 작열하던 천변을 순례자의 고행길처럼 걸은 적이 있었다.

다섯, 할머니는 몰라

아이들이 어렸을 때는 비교적 자주 모였다. 두 살 터울들이라 잘 어울리기도 하고 다툼도 잦았다.

어느 날 2번이 나를 부르며 무언가를 물었다. 무슨 말인지 알아듣기도 전에 1번이 대뜸 '아 할머니는 몰라'라고 했다. 2번은 제 편을 들어줬으면 싶어 나를 찾은 것 같았다.

긴 세월의 강이 저들과 나 사이에 흐르고 있으니 모르는 게 많은 건 당연하다. 더구나 나는 딸 둘만 키웠기에 손자의 세계는 낯설 때가 많다. 그렇더라도 앞도 뒤도 댕강 자르고 대뜸 모른다니. 저 녀석 봐라 싶다가 〈할머니 미국 모르죠?〉를 떠올리며 혼자 웃었다.

세상에서 나 혼자 할머니라는 빛나는 관을 쓴 듯 우쭐했던 저이 있었으니 손자들이 본격적 언어 구사를 하지 못하던 그 무렵이었다.

4

입이 거들다

씹던 껌

씹던 껌이 6억에 낙찰되었다는 기사를 접했다. '질 경기는 비기고 비길 경기는 이긴다.'라는 말로 유명한 영국의 명문 축구단인 맨체스터 유나이티드의 전 감독 알렉스 피거슨, 그는 경기 중에 늘 껌을 씹는 것으로 유명했다고 한다. 은퇴를 앞둔 마지막 경기를 승리로 이끈 후 씹던 껌을 관중석에 있던 어느 꼬마에게 주었다고 하는데, 이를 신줏단지처럼 모시고 있다가 경매에 내놓았을까. 씹던 껌이 그렇게 대접받을 수도 있다니 입이 다물어지지 않았다.

우물거리던 껌을 짝짝 소리 내어 씹어본다. 씹던 껌을 소홀히 한 잘못으로 딸에게 구박받던 일화를 떠올리면서.
작은딸네로 출근(?)하던 어느 날이었다. 퇴근해서 집에 들어서는데 카톡이 울리더니 '엄마의 흔적'이라는 기묘한 사진 식 장이 배달되었다. 뭐지, 중얼거리며 화면을 확대하다가 낯이 훅 달아올랐다. 씹다 뱉어놓은 껌이었다. 오렌지껍질, 병뚜껑, 플라스틱 용기에 담긴 각각의 사진에 날짜가 붙어 있었다.

딸은 이참에 어미의 버릇을 고치고 말겠노라 작정한 것 같았다. 뱉은 껌을 천연덕스레 또 입에 넣는 나를 볼 때마다 못 볼 꼴을 본 양 치를 떨어대더니, 마치 현장 검증하는 경찰관이 증거 확보하듯 사진을 모으고 쾌재를 불렀으리라. 내 소행임이 분명한 물증 앞에서 변명의 여지가 있으랴. 나는 각서 쓰듯 다시는 않겠노라 톡을 보냈다.

시절이 좋아 그렇지, 부끄러울 일도 아니다. 어릴 땐 어쩌다 껌을 씹게 되면 손때가 묻어 새까매져도 버리지 않았다. 기둥에도 붙이고 양철 필통 뚜껑에도 붙여두었다가 또 씹었다. 껌에 크레용 조각을 넣겠다는 기발한 발상은 누가 제일 먼저 했을까. 모든 것이 무채색이던 시절, 아이들의 주체할 수 없는 호기심은 칼라풀한 껌을 탄생시켰다. 맛이 고약했으련만 너도나도 색색의 껌을 짝짝 씹으며 즐겁기만 했다.

오륙십 년대도 아니고 국민소득 삼만 불 시대에 씹던 껌을 또 씹는 궁색한 짓거리를 하는 데는 나름의 이유가 있다. 저 유명한 축구 감독처럼 나도 껌 씹기를 즐기는 사람인데 새 껌의 단맛이 몹시 거슬린다. 그래서 내 동선 거리에는 단물 빠진 순한 껌이 '언제든지 또' 하면서 기다리고 있다. 사진 '엄마의 흔적'을 내 눈으로 확인하며 진짜 이 짓은 안 해야겠다 싶었다.

 습관이 된 껌 때문에 민망할 때도 있다. 한번은 고속버스에서 우물거리다가 기사가 날리는 까칠한 돌직구에 맞아 쥐구멍을 찾기도 했다. 공공장소에서 껌 씹기가 예의에 어긋난다는 것쯤은 나도 안다. 나도, 껌 씹는 소리와 교양은 반비례한다고 생각하던 사람이다. 때문에 이비인후과 의사가 처방전 쓸 때마다 껌을 씹으라고 했지만 흘려들었다.

 껌과 본의 아니게 친해진 것은 십여 년 전이었다. 감기와 씨름 중이던 어느 아침, 눈을 떴는데 왼쪽 얼굴이 몹시 답답했다. 진단 결과 급성 중이염이었다. 자주 재발하더니 '삼출성 중이염'으로 병명이 바뀌었다. 귀와 목구멍을 이어주는 이관이 막혔단다. 뚫려 있어야 할 관이 막히니, 하수구가 막혔을 때 물이 역류하는 것처럼 분비물이 쌓이곤 했다.

 과로한다 싶으면 가장 먼저 귀가 탈이 났다. 일 년에 한두 차례 발병하더니 점점 잦아져서 두어 달 간격이 되었다. 그래서 껌을 씹기 시작했다. 계속 입을 움직이노라면 관이 덜 막힐 수도 있단다. '덜 막힌다'라고 단정적으로 말했으면 금방 실행했을 텐데 그럴 수도 있다니, 그까짓 껌 씹기가 무슨 도움이 되랴 싶었다. 그러나 재발이 잦으니 지푸라기라도 잡고 싶은 심정이 되었다.

 효과가 있는 듯했다. 무엇보다 심리적으로 그랬다. 껌과 친해진 후 그것의 매력을 발견한 것은 덤이었다. 나른할 때, 심심할 때, 기분전환이 필요할 때, 밥 먹고 양치 못 해 찜찜할 때도 껌 하나면 개운해졌다.

 한번은 친구가 위염이 도져서 고생 중인데 약도 듣지 않는다며 끌탕하기에 껌을 씹어보라고 했다. 비싼 약도 아니요, 명의를 추천한 것도 아니었다. 밑져야 본전 싶었던지 그도 금방 내 도움말을 받아들였다. 잠시 후 많이 가라앉았다는 톡이 왔다. 약 먹어도 안 들더니 신기하다며 왜 그런지 물었다. 낸들 어찌 알까. 자주 껌을 씹다 보니 체득하게 되었을 뿐, 침이 계속 넘어가서 위벽을 감싸주기 때문에 속쓰림이 잠시 주춤하지 않을까 유추할 따름이다.

 내게 껌 씹기는 물리치료이다. 약이나 주사처럼 금방 효과를 나타내지는 않지만 흐르는 물이 썩지 않는 것처럼 끊임없는 운동으로 이관이 막히지 않게 애쓰고 있다. 처음, 마음먹고 물리치료에 임했을 때는 턱이 아팠다. 저녁 무렵엔 입 벌리기 힘들 때도 있었다. 지금은 종일 질겅거려도 괜찮다. 끊임없는 운동으로 턱 주변의 근육이 튼실해진 덕분이겠다.

 딸이 보낸 엄마의 흔적을 다시 들여다보았다. 임무를 다했으니 흔적 없이 사라지고 싶었을 저것이 카메라의 기습공격에 얼마나 부끄러웠을까. 한때 몸 바쳐 충성했던 주인에게 저렇게 버림받고 싶지는 않았을 터, 씹던 껌에게도 딸에게도 미안하고 부끄러운 하루였다.

 한데 오늘, 씹던 껌의 화려한 변신 같은 경매 기사를 보니 그날의 반성이 왠지 억울해진다. 그렇게까지 무안 줄 일이냐, 때늦은 반박이라도 하고 싶은 심정으로 힘차게 자판을 두드린다.

마이동풍

 냉장고를 정리하는데 정체불명의 까만 봉투가 보였다. 풀어보니 반지르르한 강낭콩이다. 제철 맞아 오동통 살 오른 콩은 이쁘기만 하다.

 당당히 내밀어도 환영할 품목인데 굳이 숨겼을까. 도둑이 저린 제 발을 본능적으로 감추듯, 냉장고 한편에 후딱 밀어넣었을 남편, 꾸부정한 키를 반으로 접은 그의 뒤태가 눈에 보이는 듯해서 웃음이 났다.

 어느 날, 퇴근길의 남편이 두릅을 샀노라며 내밀었다. 반가웠다. 반듯하게 포장된 마트의 두릅이 너무 비싸서 만지다가 말았노라 했더니 그 말이 가 닿았던 모양, 지하철 입구 좌판에서 샀다는데 마트보다 훨씬 싼 가격에 물건도 싱싱했다.

폭풍 칭찬을 했는데 그것이 화근이 될 줄은 몰랐다.

 인색한 마누라로부터 인사치레를 푸지게 받은 남편이 두릅을 사 나르기 시작했다. 봄맞이로 두어 번 먹으면 됐지, 비싼 것을 이렇게 자꾸 먹는 건 아니라고 똑 부러지게 말했다. 소귀에 경을 읽었을까.

 떨이라서 싸게 줬다며 들고 오더니, 좌판의 두릅이 너무 많이 남아서 한 무더기 샀다고도 했다. 끝물이라 서운해서 샀다더니 며칠 후, 진짜로 끝이라고 하더라며 또 들고 왔다.

 아무튼 올봄에는 귀한 두릅을 실컷 먹었고 그 덕인지 기운이 펄펄해서 봄맞이도 화려하게 했다.

 봄인가 싶으면 나는 들판의 어린 쑥을 만지고 싶어 안달이 난다. 쉬울 것 같은 그 일이 내겐 쉽지 않다. 워낙 저질 체력이라 큰맘 먹어야 한다.

 그런데 올봄은 운길산 언저리까지 여러 번 다녀왔다. 포동포동 여린 쑥이 억세지도록 다녔으니 신기할 일이다. 봄나물의 제왕이라는 두릅 덕일까. 여기까지는 좋았다.

 좌판의 우수고객이 되어버린 남편은 이런저런 푸성귀를 수시로 사 날랐다. 손바닥만 한 텃밭을 내 손으로 일구고 있기에 우리 먹거리는 충분한데도 말이다. 한창 쌈 채소가 나올 때는 우리도 감당할 수 없어 나눔 하기 바쁘다.

이고 지고 길을 나서기도 한다. 차를 몇 번이나 갈아타며 따님 댁에 갖다 바치기 위해서. 상추는 쌓이고 우걱우걱 잘 먹는 딸네 식구가 눈에 선한데 한번 왔다 가라고 통사정해도 그 또한 마이동풍이다. 답답한 놈이 우물 판다고 그예 늙은 어미가 출동하고 만다.

그야말로 푸성귀 좌판이라도 펴야 할 판인데 남편은 무언가를 자꾸 들고 들어온다. 이번엔 강낭콩을 샀던 모양이다. 이건 환영받을 품목인데 그 구분은 어려운가 보다. 어려우면 안 하면 될 터인데 왜 이럴까.

정색하고 물었다. 대답은 의외였다. 늦은 시각까지 좌판에 앉은 어른이 딱해 보이기도 하지만, 그냥 지나가는데도 큰 소리로 불러 세운다며 자기도 난감하다고 했다. 노인의 레이다망에 걸릴 때는 어김없이 거나해져 있어서 마누라의 잔소리 따위는 잊을 게 뻔하다.

권하는 대로 받아들고 돌아서면서 아차, 하는 모양이다. 일 없이 큰 키가 문제였다.

사십여 년 전 어느 날, 큰딸이 아기였을 때 남동생과 외출한 적이 있었다. 거기가 어딘지 왜 아기를 안고 나갔는지는 기억에 없는데 인파가 붐비는 곳에서 동생을 놓쳐버렸다.

남편은 키가 커서 금방 눈에 띄는데, 키 작은 동생은 사람

속에 묻혀버리니 찾을 수가 없었다. 스마트폰은 고사하고 집 전화도 없던 깜깜한 시절이었다.

헤매다 지쳐서 집에 갔더니 동생은 먼저 와 있었다. 해맑게 웃는 딸아이를 끌어안고 대성통곡한 적이 있었다. 동생처럼 키나 작으면 잘 피해 다닐 텐데 어쩌랴, 마이동풍도 우이독경도 아닌 큰 키가 문제인 것을.

문제는 큰 키뿐만 아니었다. 옛날에 살던 공덕동 집 앞에 빵집이 있었다. 동네 빵집이 번성하던 시절이었다. 늦은 시각 취기 오른 남편은 갖가지 빵을 떨이해 오곤 했다.

아이들은 쑥쑥 자라면서 다양한 맛을 알아갔고, 아빠가 사다 나르는 빵이 맛없다는 걸 깨달아 버렸다. 그 집 빵 맛없어요, 사지 마세요, 목소리를 내기 시작했다. 알았노라 대답은 했지만 마이동풍이었다.

여전히 떨이하다시피 들고 오는 아빠께 수위를 낮추어서 제발 조금만 사라고 당부했다. 그 말도 먹히지 않던 어느 날 또 한 보따리 늘려있던 빵을 발견한 작은아이가 저 집 없어졌으면 좋겠다며 땅이 꺼져라 한숨 쉬었다.

소통이 어려운 남자와 사십여 년을 살았다. 이 글의 제목도 처음엔 '불통'으로 붙였다. 초고에는 보이지 않던 남편의 서툰 언어가 퇴고를 거듭할수록 보이기 시작하자 제목을 바꾸고 싶어졌다. 대놓고 불통이라기 보다 우이독경은 어떨까. 마이동풍이 더 부드러울까.

그 말이 그 말이련만 왠지 좀 부드럽게 느껴지는 단어를 앞혀야할 것 같았다. 건듯 부는 동풍이야 한 귀로 느끼고 다른 귀로 흘려도 용서될 것 같은 생각이 들었다.

어느 시인은 돌아갈 집이 있음을 큰 행복 중 하나로 꼽았다. 그 행복을 표현하는 방법이 자잘한 것들을 들고 들어오는 것이리라. 그것이 환영을 받든 못 받든 그것까지 읽을 재주는 애초에 주어지지 않은 모양이다.

〈금성에서 온 남자, 화성에서 온 여자〉의 서로 다른 언어가 빚어내는 해프닝의 연속이 가정사가 아닐까.

긴 세월을 함께 했지만 여전히 불통인 우리도 여느 부부처럼 휘청휘청 흔들흔들 세월의 물살에 얹혀 흘러간다.

동냥 밭에서

텃밭 당첨자 명단에 내 이름이 없었다. 몇 번이나 훑어봐도 없었다. 사 년 내리 당첨되었기에 낙첨은 상상조차 하지 않았다. 나는 하루아침에 해고 통보를 받은 직장인처럼 당혹스러웠다.

이곳으로 이사 온 후 축복처럼 텃밭 단지를 만났고 단박에 매료되었다. 야산에 접한 삼천여 평의 밭이 내겐 전설 속의 무릉도원으로 다가왔다. 몸도 마음도 피폐하던 때였다. 흙을 만지면서 바닥 친 체력이 깨어남을 느꼈다. 살맛을 주던 밭인데 올해는 떨어지고 말았다.

텃밭을 개장하는 날 친구가 2인용 식탁만 한 땅을 내주었다. 여기까지 내 땅, 소꿉놀이하듯 공깃돌 경계석으로 금을 그었다. 한 뼘만 더 주면 좋겠는데 그도 나만큼이나 텃밭 사랑이 각별하기에 욕심낼 수 없었다. 내 손으로 작물을 키우는 재미와 맛을 알아버렸기에 선물 받은 작은 밭뙈기가 그저 고마울 따름이었다.

며칠 후 모종을 사 들고 밭에 갔더니 무슨 일일까. 내 밭이 훅 커졌다. 2인용이 4인용으로 둔갑해 있었다. 밭주인에게 전화했더니 까르르 웃으며 '즈이 남편에게 혼났다'고 했다. 주려면 뭐라도 심어 먹게 줘야지 이게 뭐냐고 야단쳤다며. 햐, 일등 남편이다. 만세! 이제 오이도 심겠고 토마토도 가능하겠다. 마음이 풍선처럼 부풀었다.

초미니 밭을 놓고 설계를 거듭했다. 어떻게 하면 가장 효율적인 농사가 될까. 땅이 협소하니 하늘을 공략하리라. 외줄로 뻗어 올라가는 오이와 외줄로 키워야 하는 토마토는 지지대를 높이 꽂아 이층 집을 만들까. 일단 키를 키워서 공중에서 주렁주렁 열매 맺게 만들고 그 아래에 상추며 쑥갓을 키우리라.

가장자리엔 실파를 심고 오이 사이사이로 깻잎 모종을 꽂아야지. 더는 안 되겠지? 상추 사이로 아욱 몇 포기 심을까. 외목대로 쑥 키워 올리면 될 것 같은데. 에고, 사람 욕심 끝이 없다. 오죽하면 바다를 메운들 인간의 욕심을 메우랴 했을까.

봄이 무르익으면서 작물도 익어갔다. 여름 내음이 물씬해지자 방울토마토가 익기 시작했다. 오이도 마디마다 어린것을 품기 시작했다.

오이 사이로 심은 깻잎은 제 영역을 확보하지 못해 골이 났다. '이렇게 촘촘히 심어서 지가 워쩌케 자라남유' 볼멘소리가 들리는 것 같았다.

가장자리로 꽂아놓은 실파는 물을 싫어하는 작물인데 바짝 붙여 심은 상추 때문인지 죄다 물러버렸다.

그럼에도 불구하고 날마다 출근 도장 찍듯 걸음했다. 작아서 더 귀한 땅에 코 박고 사는 나를 보며 이웃들이 호박도 주고 가지도 주었다. 뒷짐 지고 한 바퀴 돌면 여기저기서 한 움큼씩 푸성귀를 건넸다. 굳이 동냥 바가지를 내밀지 않아도 되었다. '얻어먹는 놈이 배 터져 죽는 뱁'이라고 할매가 그러시더니 내가 그 짝이었다.

장마가 시작된 어느 날이었다. 밭고랑의 물꼬를 틔워준 후 원두막에 앉아 드넓은 텃밭단지가 비에 젖는 풍광에 취해 있을 때였다. 비옷으로 중무장한 이웃 아저씨가 다가오더니 '비 오는 날에도 동냥 밭에 할 일이 있더냐.'라며 웃었다.

나도 웃음이 터졌다. 손바닥만 한 내 밭을 명명하기 맞춤한 말이 아닌가. 동냥 밭이라 이름 붙이고 나니 뜬금없이 고향의 동냥꾼이 생각났다.

어릴 적 우리 동네에 천식이라는 동냥꾼이 살았다. 가끔 밥 때면 대문 밖에서 홈홈 점잖게 기척을 냈다.

아버지가 살아계실 때는 그를 불러들여 따로 상을 차리기도 했다. 그가 나름의 규칙을 세워놓고 순차적으로 근동을 돌며 구걸한다는 사실은 아이들도 알고 있었기에 동네 사람에게 그는 그저 딱한 이웃이었다. 흙내를 맡고 사는 사람들의 순박한 인심이었으리라.

이따금 하굣길에 저만치 뚝방길을 절뚝절뚝 걸어가는 그가 보였다. 우리는 낄낄대며 아무개야, 너거 아재 저기 간다. 얼른 가서 인사해라, 서로 등을 떠밀어댔다. 천식이 아재요, 밥 잡샀능교, 손나발을 만들며 소리 지르기도 했다. 들었는지 못 들었는지 그는 고독한 순례자처럼 가던 길을 갈 뿐이었다. 따갑게 내리쬐는 햇살이 위태롭게 걷는 그를 길동무처럼 따랐다.

아득한 세월을 더듬는 사이 비가 그치고 원두막에 해가 들었다. 부지런한 도시농부의 걸음이 이어지는 가운데 동냥 밭의 주인인 나도 끼어들었다.

흙내가 훅 풍긴다. 생명이 꿈틀거리는 살아있는 냄새다.

마지막 둥지

볼일이 있어서 내려간 걸음에 친정에서 하룻밤 자던 날이었다.
- 오늘 밤에는 불 끄고 자도 되긋다. 딸이 있으니께.

깜깜한 데서 혼자 저승사자를 만날까 봐 불을 켜고 잔다며 어머니는 멋쩍게 웃었다. 아흔 고개를 바라보는 노인의 현주소가 서늘하게 와닿았다. 의논 끝에 우리와 함께 살기로 했다.

한집에서 살게 된 남편과 나와 어머니, 셋은 알게 모르게 몸살을 앓았다. 서로에게 스며들어야 하는 피할 수 없는 과정이었다. 평온하게 흐르던 남한강과 북한강이 두물머리에 이르러면 물살이 뒤섞이느라 소용돌이친다. 강물도 서로에게 스며드느라, 서로를 받아들이느라 한바탕 몸부림친 후 비로소 방향을 잡고 잔잔하게 흘러가는 것이 순리이다.

어머니가 오시던 해 어느 봄날이었다. 혼자 다녀오겠다는 산책길이 미덥지 않아 멀찍이서 지켜보던 적이 있었다. 등교 시간이 지난 여자대학 후문 길은 연극이 끝난 무대 같았다. 어머니는 인적 드문 그 길을 지팡이에 의지한 채 천천히 걸었다. 이따금 바람이 불어 만개한 벚꽃이 흩날렸지만 아랑곳하지 않았다. 허리 펴고 하늘 한번 올려다봄직도 한데 무심히 가던 길을 갈 뿐이었다. 계절은 돌고 돌아 다시 봄이지만 '다시 봄'을 허락받지 못한 노인의 산책은 제자리걸음처럼 답답했다.

이윽고 마을버스 정류장에 도착한 어머니는 오도카니 앉은 그대로 그림 속의 풍경이 되어버린다. 등 하교 시간이면 인근의 중고등학생과 여대생들의 수다가 거리를 점령하는 동네다. 팝콘처럼 튀는 그들의 시간대를 피해 눈치 보듯 핀 할미꽃 한 송이일까. 봄과 노인, 어우러지지 않은 두 단어가 눈앞의 풍경화 속에 있다.

한참을 지켜보고 섰다가 어머니 옆에 털썩 앉았다. 놀란 어머니가 아이처럼 웃었다. 무슨 생각을 하냐고 여쭈니 '저 쪼맨한 버스는 어데로 어데로 가는고. 저넘을 타고 가다가 가다가 보믄 우리 동네가 나올랑가.'라고 하셨다. 진양조의 노랫가락처럼 늘어지는 이야기를 챙겨 듣다가 철렁했다. 혹시 치매의 시작일까. 생각의 끝을 잡고 조금 더 나간다면 혼자

마을버스를 타버릴지도 모른다는 데 생각이 닿자 아찔했다.

 나는 기숙사 사감처럼 엄숙하게 말했다. 엄마, 이젠 여기가 엄마 동네야. 이 동네에 정붙여야 해. 그리고 지금처럼 움직일 수 있게 노력하세요. 그래야 나랑 오래오래 같이 살지. 엄마가 정신줄을 놓고 운신 못 하면 나도 자신 없어. 어머니는 듣는지 마는지 연신 고개를 끄덕이셨다. 건듯 부는 바람에도 꽃잎은 속절없이 떨어지던 어느 봄날이었다.

 노인의 새 둥지 적응은 예상보다 어려웠다. 원체 조용한 분이 더 말이 없어지고 낯선 집에 다니러 온 아이처럼 눈치를 살폈다. 텃밭의 모종도 옮겨 심고 지켜보면 흙내를 맡기까지 여러 날 몸살 한다. 성정 급한 농부는 지레 포기하고, 느긋하게 지켜보던 이는 '이제 흙내 맡았네' 하며 마음을 놓는다. 뿌리는 흙에 스며들어야 하고 흙은 식물을 품어야 한다. 둘의 교감이 이루어졌을 때 흙내 맡기는 끝난다. 어린 식물의 자리 옮기기도 그러한데 노인의 이사가 어려운 건 당연한 일이리라.

 어머니의 흙내 맡기는 끝이 났을까. 오 년이 흐른 지금 우리의 함께 살기는 그렁저렁 편안하다. 나는 농거를 계획하면서부터 효녀 노릇은 안 하기로 맘먹었다. 그저 불을 끄고도 두려움 없이 잠들 수 있으면 되지 싶었고 그 정도는 어렵지 않을 것 같았다. 생로병사의 여정에서 누군들 자유로울까. 상황이 달라지면 그때 가서 동생들과 의논해서 또 길을 찾으면 될 터였다.

어머니는 이제 암막 커튼을 치고도 잘 주무신다. 전구가 나가도, 텔레비전이 고장 나도, 번호 키 배터리가 닳아서 문이 안 열려도 걱정이 없다. 혼자 살 땐 손수 해결해야 했기에 벅찬 일이었다. 나는 이럴 때마다 쌓인 불효를 퉁 치고 싶어서 어머니 앞에 얼굴을 디민다. 엄니가 걱정 안 해도 되니 얼마나 좋으셔.

남편은 열이 많은 체질이라 사철 속옷 바람인데 어머니가 오신 후론 숙제하듯 반바지를 챙겨입더니 언제부턴가 벗어던졌다. 옷 입으라 채근하는 대신 어머니께 말한다. 엄니가 편한가 봐. 못 본척하셔. 여름에도 맨발을 보이지 않은 어머니가 합죽합죽 웃으며 고개를 끄덕인다.

『백년을 살아보니』의 저자는 아흔 노인은 스스로 밥을 챙겨 먹는 것도 큰 운동이라고 했다. 내게 허락된 불효의 범위가 더 넓어졌다. 고맙게도 어머니는 정신이 맑고 움직임도 자유로운 편이다. 손수 끼니를 챙길 수 있고 싱크대에 기대고 서서 그릇 서너 개 정도는 너끈히 헹군다. 얼마나 다행인가.

더 무얼 바라랴. 내 집이 어머니의 마지막 둥지가 되기를 바랄 뿐이다.

타인의 관심 혹은 무관심

 시골의 사돈댁은 태양열 전기를 쓴다. 며칠 전, 사돈이 출타하신 사이에 불이 날 뻔했다고 한다. 태양열 판을 설치한 옥상에서 연기가 나는 것을 지나가던 사람이 발견하고 신고해 주어서 초기진압할 수 있었다. 타인의 관심 덕분에 큰 화를 면한 것이다. 자칫 가래로도 못 막았을 일을 호미로 막을 수 있었으니 말이다.
 이야기를 듣는데 오래전 일이 떠올랐다. 부동산 사무실에 근무할 때였다. 어느 겨울 수도가 얼어버렸다. 뜨거운 물을 부었더니 수도꼭지만 움직였다. 성정 급한 젊은 대표는 실시간으로 섬섬해냈나. 물이 안 나오는 것을 확인했으면 수도꼭지는 반드시 잠가야 하는데 그대로 두기 일쑤였다. 하수관까지 얼었기 때문에 저절로 해동이 될 때는 물이 넘쳐버릴 불

상사는 예측할 수 있었다. 세상살이 경험이 적은 젊은이는 내 경고를 귓등으로 들었다. 수도꼭지 틀었으면 꼭 잠그세요. 큰일 납니데이. 몇 번이나 잔소리 아닌 잔소리를 했다.

어느 날 출근길, 저만치 사무실이 보이는 도로에 물이 흥건했다. 아이쿠 싶었다. 예상대로 물은 우리 사무실에서 줄줄 흘러나오고 있었고 이미 발등까지 잠겼다. 얼었던 물이 밤새 녹았고, 열었다 잠갔다 하던 수도꼭지가 그날따라 열려 있었던 모양이다. 반나절을 대청소하고 젖은 컴퓨터는 A/S센터에 맡겼다. 그것으로 끝이 난 줄 알았다. 이만해서 다행이라며 한숨 돌리고 있을 때였다.

아래층의 제품 공장 사장이 상기된 얼굴로 들어섰다. 천장에서 떨어진 물이 하필이면 제일 비싼 원단 뭉치를 적셨다며 와서 보라고, 도저히 쓸 수 없게 되었으니 어쩌면 좋은가, 거푸 한숨 쉬었다. 수도꼭지 잠그는 사소한 일을 깜빡한 사이 적지 않은 돈이 떠내려가 버렸다.

그날 오후였다. 손님과 방 보러 가던 중, 동네 아는 여자를 만났다. 그녀가 유난히 알은체하며 다가오더니 작은 소리로 사무실 안부를 물었다. 새벽 운동 가는 길에 문밖으로 물이 흘러나오는 것을 봤다면서.

기가 막혔다. 그 즉시 전화 한번 해줬으면 큰 사고로 이어지지는 않았을 텐데. 부동산 번호야 누구나 알아볼 수 있게 내

걸려있고, 휴대폰 또한 누구나 들고 다니는 세상이 아닌가. 어쩜 그럴 수가 있냐고, 전화 한번 해주는 게 뭐 그리 어렵냐고 쏘아붙였다. 마음 같아선 한 대 쥐어박고 싶었다. 호기심으로 다가왔을 여자가 붉으락푸르락한 채 가던 길을 갔다. 생각할수록 어이없었다. 가까운 거리에 살고 있던 젊은 사장이 즉시 출동했으면 지하실까지 물벼락을 맞지는 않았을 것이다.

나와 무관한 일에는 개입하지 않는 것이 현대인의 특성이라고 한다. 나도 그런 편이다. 오지랖이 좁아 그저 내 할 일이나 잘하자 주의이다. 그러나 개입과 관심은 다르다. 개입이 적극적이라면 관심은 소극적일 수 있겠다. 여자가 운동길에 사고의 현장을 봤다면 사무실 앞을 지나다니는 수많은 출근길의 시민들도 현장을 목격했겠다는 데에 생각이 미치자 등골이 서늘해졌다. '주변 사람에게 저지르는 가장 큰 죄는 그들에 대한 미움이 아니라 무관심'이라고 누군가 말했다. 이웃 간의 작은 관심이야말로 내가 사는 세상을 지키는 최소한의 방패가 아닐까.

모르는 집 옥상에서 연기가 나면 잠시 걸음을 멈추고 신고하고, 사무실 문밖으로 물이 줄줄 흘러나오면 모르쇠 지나치지 말고 전화 한번 하는 일은 그렇게 힘든 일이 아니다. 위급한 상황임을 먼저 인지한 타인이 무관심으로 흘려보내지 말고 관심을 가지는 것이 함께 살아가는 최소한의 의무이지 싶다.

4. 입이 거들다

욕이 다 나쁜 것은 아니다

 중년 여인 셋이 공원 의자에 앉아 수다를 떨던 중이었다. 나는 둘의 이야기를 귓등으로 들으며 소풍 나온 어린이집 꼬맹이들에게 눈길을 주고 있었다. 산수유 꽃그늘 아래 노란 병아리들이 흩어졌다가 다시 모이기를 반복하며 종알대는 소리가 귀를 간지럽혔다.
 도둑고양이처럼 다가오던 봄이 어느 순간 몸을 늘려 사뿐 착지했을까. 며칠 사이 완연해진 봄에 취해 반쯤 눈을 감던 순간이었다.
 ─나는 고스톱 치면서 인생을 다 보냈어.
 한 여자가 목청을 드높이며 웃었다. 뜬금없는 고백에 놀라 사방을 둘러보았으나 세상은 여전했다. 부끄러움은 느끼는 사람의 몫일 뿐이었다.

고스톱 여자와 너나들이하게 되면서 살아온 이야기를 듣게 되었다. 눈물 콧물 닦아가며 속내를 털어놓는 바람에 여자를 이해하게 되었으니 이참에 녹록지 않은 그 서사를 풀어보기로 한다.

새댁으로 불리던 시절 그녀는 지방의 소도시에서 정육점을 운영했다. 가게에 딸린 단칸방이 보금자리였다. 아내는 가게를 지켰고 남편은 경매도 받고 거래처 납품도 하는 등 주로 외근을 담당했다.

그 남편이 하루아침에 증발해버린 사건이 터졌다. 알고 보니 거래처 여자와 눈이 맞아 야반도주한 것이었다. 수금할 만한 곳은 다 챙기고 가게 보증금까지 절반을 챙겨 갔더라고 했다. 작정하고 잠적한 인간은 찾을 길이 없었다. 방방곡곡을 미친 듯 헤매고 다녔지만 결국 포기했다. 휴대폰도 없었고 양육비라는 단어조차 없던 어두운 시절이었다.

보증금도 깎여버린 가게를 붙잡고 있어야 하는 나날은 지옥이었다. 손님도 무섭고 이웃 보기도 창피했다. 막다른 골목에서 그래도 힘이 되어준 건 피붙이였다. 오빠의 권유로 친정이 있는 서울로 이사했다.

여자는 약해도 엄마는 강했다. 남매를 공부시키느라 온갖 궂은일을 마다하지 않았다. 내가 만났을 때는 목욕탕 세신사로 일하던 중이었다. 오랫동안 몸을 혹사했기에 여기저기 탈이 나서 지금은 쉬고 있는데 이따금 목욕탕 매점에서 고스톱을 치는 것 같았다. 그녀에게 고스톱은 휘모리장단으로 몰아치는 생활 가운데서 잠시 숨 고르기 역할을 해 주는 듯했다.

어느 날 목욕탕 화투판에 사달이 났다. 신고 전화를 받은 경찰이 출동했고 그녀도 잡혀갔다. 그러나 전문 노름판이 아님을 인정받았고, 한 번만 더 적발되면 구속된다는 내용의 각서를 쓰고 풀려나왔다. 얼떨결에 시키는 대로 각서를 썼으나 잠이 오지 않았다. 고스톱 없이는 살 자신이 없더란다.

날이 밝자 경찰서에 전화해서 서장을 찾았다.

—아, 무슨 일입니까. 제게 말씀해 주시면 서장님께 꼭 전해 드리겠습니다.

그녀는 말했다. 나는 이러이러해서 어제 각서를 쓴 사람이다, 관절이 아파서 산에도 못 가는 중늙은이인데 요새는 건망증인지 치매인지 자꾸 깜빡깜빡해쌌는다, 그래서 화투는 꼭 쳐야 한다, 그러니 어쩌면 좋은가, 걱정돼서 한숨도 못 잤다, 점 백도 정말로 구속되는지 서장님께 여쭈어보려고 전화했다.

—뭐 그 정도로 구속까지 되겠습니까. 그러나 다른 취미를 좀 찾아보십시오. 산에는 못 가시니 공원이라도 꾸준히 걸으시고 병원 다니면서 치료도 꼭 받으십시오.

정중하게 전화받는 아들 또래의 목소리를 듣고 있자니 창피해서 견딜 수 없더란다. 시장 가는 길에 음료수를 사 들고 가서 아침부터 서장님을 찾았던 사람인데 미안하다고 거듭 사과했다. 그러고 나니 속이 후련하다며 웃었다.

고스톱의 마성을 보는 것 같아 무섭다는 생각이 스친 동시에 목젖을 드러내며 웃는 여자가 뭉클했다. 모진 처지로 떨어졌어도 굴하지 않고 당당히 일어선 여자, 아비가 내팽개친 자식을 끌어안고 아비 몫까지 의무를 다한 장한 엄마, 하늘을 무서워할 줄 알고 국민으로서 지켜야 할 의무인 법을 준수하려 애쓰는, 저 여인이라면 점 백 고스톱 정도는 종일 쳐도 되지 않을까 싶었다.

독일에 사는 조카딸이 글짓기상을 받았다며 자랑했다. 작은 상이라 해도 외국 아이들과 경합해서 받았다 하니 반가웠다. 축하한다며 어떤 글을 썼을까 물어보았다. 제목이 '욕이 다 나쁜 것은 아니다'라고 했다. 열다섯 살이 어떤 내용으로 글을 펼쳐나갔는지 모르겠으나 제목이 마음을 끌었다.

스스로 욕받이를 자처하면서 카타르시스를 느끼는 심리는 욕쟁이 할매의 상술이 되기도 한다. 걸쭉하게 욕을 해대는 할매도, 얼큰한 국밥과 함께 욕 한 사발을 푸지게 먹는 손님도 두둑하니 배가 부른 아이러니는 구경꾼에게도 큰 웃음을 선사한다.

욕이 좋은 것은 아니지만 다 나쁘다고 할 수 없듯 고스톱이 부정적인 면이 크다 해도 다 나쁘다고 할 수는 없겠다. 고스톱 치느라 인생을 다 보냈다고 당당하게 말하는 여자에게 고스톱은, 위로받아 마땅한 그녀를 위로해 주는 더할 수 없는 친구였겠고 앞으로도 그럴 것이다.

관계로부터 점점 단절되어가는 황혼의 피드백을 위하여 고스톱 이상 무엇이 있으랴, 라고 말할 수는 없겠다. 그러나 낡은 잠옷처럼 편안한, 편안하고도 즐거운 황혼의 친구는 되어줄 것 같지 않은가.

나는 노후대책의 신박한 패 하나를 챙긴 듯해서 혼자 웃는 날이 많아졌다. 작정하고 덤벼들면 그걸 못 배우랴 싶은 속내도 한몫한다.

바리스타 그녀

부동산 사무실을 운영할 때였다. 찬바람이 겨울을 재촉하던 어느 날 가녀린 아가씨가 방을 구하노라며 들어섰다. 따뜻한 커피를 권하며 몇 가지 기본적인 것을 물었다. 고객의 상황을 빠르게 파악하려고 이런저런 말을 수다 떨듯 건네는 것은 내가 하는 업무 중의 하나였다. 그래야 마침맞은 방을 찾기가 쉽기 때문이다.

집을 구하는 일은 타인에게 민낯을 보여주기와 비슷해서 시시콜콜 풀어놓기가 꺼려지기도 한다. 가령 이사할 날짜는 정해졌는지 준비된 돈은 어느 정도인지 가족 구성원은 어떤지 등. 필요에 의한 질문이지만 별 그런 것까지 물어보나 할 수 있다. 불편하다면 불편할 그 자리에 놓인 커피 한 잔은, 설탕 프림과 커피 알갱이가 따듯한 물에 풀어지듯 마음을 풀어주는 역할도 한다.

두어 모금 홀짝거리던 커피를 내려놓으며 그녀가 나를 재촉했다. 쓸데없는 수다 집어치우고 방이나 보여주세요, 하는 눈치였다. 날씨는 점점 추워지는데 이사해야 하는 날은 다가오고, 마땅한 공간은 찾아지지 않아 애가 타는 심정은 이해하겠는데 그렇더라도 지나쳤다.

그녀는 고슴도치 같았다. 온몸에 가시를 세우고 여차하면 찌를 기세였다. 심하게 경계하는 눈빛은 자주 흔들렸고 그저 그런 질문에도 날카로운 반응을 보이는 데다 체구가 작아서 더 그런 느낌이 들게 했다.

서둘러 사무실을 나섰다. 작은 아가씨가 걸음이 얼마나 빠른지 나를 앞서기 일쑤였다. 몇 군데 방을 함께 보면서 좀 편해졌다 싶을 즈음 그녀가 입을 열었다.

-엄마하고 나하고 단둘이 살았는데 엄마가 갑자기 심장마비로 돌아가셨어요.

자신이 혼자라는 사실을 들키고 나면 상대방이 얕잡아 볼 것 같아서 말하기 싫었노라며 고개를 떨구는데 말문이 턱 막혔다. 비로소 까칠하던 분위기가 이해되었다.

단 하나 혈육과의 준비 없는 이별은 세상을 적대시하며 고슴도치처럼 날을 세우게 했으리라. 혼자임을 '들키고' 나면 '얕잡아' 볼 것 같다는 말이 더 아프게 들렸다. 내 딸보다 어려 보이는 아이를 잠시 껴안는 것밖에 달리 할 말이 없었다.

  몇 군데 본 중에서 제일 낫다는 원룸 205호가 둥지로 선택되었다. 햇빛은 인색하지만 베란다가 딸려 있어서, 차마 정리하지 못한 엄마의 짐을 수납할 수 있겠다며 좋아했다.

  이사 한 후로도 그녀는 가끔 들렸다. 무람없이 들어와 셀프 커피를 마시곤 하더니 하루는 보온병을 들고 왔다. 바리스타 교육을 받는 중인데 자기 손으로 내린 커피를 꼭 한번 드리고 싶었다며 뚜껑을 열었다. 한 방울 한 방울 내렸다는 핸드 드립 커피는 달달한 믹스커피에 길들여진 내 입에는 당기지 않았다. 한 모금 맛본 후 난감한 얼굴로 쳐다보니 까르르 웃었다.

  -그럴 줄 알았어요. 이 맛을 알기까지는 시간이 좀 필요하거든요.

  그녀는 연신 생글거리며 커피 이야기를 늘어놓았다. 교육생 중에 아줌마들이 있어서 좋다고도 하더니 원두를 갈 때 풍기는 깊은 향을 맡고 있노라면 머리가 맑아지고 마음이 편안해진다고도 했다. 수다 떠는 얼굴은 그저 평범한 이십 대 아가씨였다. 저 표정을 찾는 데는 커피가 큰 역할을 한 것 같았다. 할 일을 찾지 못해 방황하는 모습이 안타깝더니 참으로 다행이었다.

  바리스타의 길로 정진하느라 바쁜지 그의 걸음도 멀어졌

고 나도 잡다한 일상에 묻혀 지내던 어느 아침이었다.

사무실 문을 열자마자 원룸 주인이 기다렸다는 듯 들어섰다. 몹시 화난 얼굴이었다.

-205호에서 고양이를 키우던데 알고 있었어요?

금시초문이었다. 원룸 건물에서의 애완동물 키우기는 양해 받기 어려운 문제다. 그래도 1차 경고 정도로 끝낼 수도 있을 텐데 다툼이 치열했던 듯, 당장 이사 가겠다고 했단다. 고슴도치 같던 첫인상이 떠오르면서 걱정이 앞섰다. 메시지를 보냈더니 퇴근길에 들르겠노라는 답이 왔다.

오랜만에 보는 그녀는 정장 차림이었다. 단정한 입성은 여느 때보다 당차 보여서 마음이 놓였다. 아이스아메리카노를 내 앞에 놓으며 이야기를 시작했다. '엄마가 돌아가신 후 심리치료를 받았는데 치료의 한 방법으로 애완동물 키우기를 권유받았다. 고양이는 얌전해서 좀체 소리를 내지 않고, 특수 처리 된 모래를 쓰기 때문에 이웃에게 피해도 주지 않는다. 옆방의 학생에게 냄새나느냐고 물었더니 고양이가 있는 줄도 몰랐다고 하더라'며 한숨을 쉬었다.

엄마의 흔적만 남은 집이 무서워서 이사는 했지만 겨울 들판에 선 것 같은 마음은 가시지 않았으리라. 체온을 나눌 수 있는 무언가가 절실했겠고 고양이의 온기가 도움이 되지 싶었다. 그 슬픔이나 외로움 혹은 두려움의 깊이는 알 수 없다.

누구도 그 입장이 되어보지 않고서 온전히 이해하기란 불가능한 일이다. 그러나 고양이와의 교감이 얼마나 위로가 되었을지는 이해할 것 같았다.

심리 상담을 자청한 일도, 그 권유를 받아들인 고양이 키우기도 칭찬하고 싶었다. 반듯한 정장 차림 또한 자신을 추스르는 한 방편이리라. 난관을 적극적으로 극복하려 애쓰며 이런저런 방법을 찾고 실행하는 모습이 대견했다.

그녀는 이사한 것을 후회했다. 그대로 살면서 고양이를 키웠더라면 좋았을 거라면서. 엄마의 흔적을 지우고 싶어 이사했지만 그것이 해결책은 아니었다 싶은 모양이었다. 사람살이 정답이 어디 있으랴. 살던 집에서 고양이를 껴안고 견디는 것이 더 나았을까. 그 또한 정답은 아니리라. 원하던 대로 깨끗하고 따뜻한 원룸으로 이사했는데 예기치 못한 일이 생겼을 뿐이다. 앞으로도 얼마나 많은 일이 복병처럼 숨어 있을 텐데 그때그때 지혜롭게 답을 찾아야 하리라.

그는 고양이와 마음 편하게 살 수 있는 곳으로 옮겨야겠다고 말했다. 이사는 당장 실행할 수 있는 일이 아니어서 주인과 또 마찰이 생길지 모른다, 할아버지뻘인 어르신께 맞서지 말고, 내게 이야기했듯이 차근차근 설명하며 시간을 벌라고 당부했다. 마음 정리가 되었는지 큰 소리로 대답했다. 잘 해낼 것 같았다.

바리스타라는 직업은 삶의 가장 기본인 밥이 되어줄 것이고 고양이는 허기진 마음을 채워줄 테니 적당한 공간을 찾아 옮기는 일은 어렵지 않으리라. 망망대해에 아슬하게 떠 있던 조각배가 등대를 발견하고 방향을 잡았을까. 세상 속으로 또박또박 걸어가는 뒷모습이 전에 없이 야무져 보였다.

원위치

  사과 농장을 하는 외삼촌이 사과를 보내셨는데 택배 상자에 찍힌 이름을 보고 깜짝 놀랐다. 최미래, 까맣게 잊었던 아이를 이렇게 만나다니 뭉클했다. 나는 이런저런 이유를 여러 개의 이름을 갖고 있는데 미래는 아명이다.

  외할머니는 미래라는 발음이 어려웠을까. 미라라고 하셨다. 미라 왔냐로 시작해서 마루 닦아라 마당 쓸어라 밥솥에 불 좀 때라는 등 온갖 심부름을 시킬 때마다 '미라야'라고 부르셨다. 엄마보다 더 많은 일을 시켰지만 방학이면 외갓집에서 살다시피 했다.

  옆집으로 이사 온 초등학교 선생님 내외는 미애로 아셨다. 미래라고 몇 차례 말씀드렸지만, 처음 당신들이 인지한 대로 미애야 라고 부르셨다. 매번 아니라고 말하기도 뭣해서 꽤 오래 미애가 되었다.

가장 많이 불리는 미옥과 미래가 내 이름이고 미라 또는 미애라는 이름을 들으면 혹 나를 부르는가, 잠시 돌아본다. 가톨릭 신자가 되면서 세례명도 얻게 되었고 사이버 공간을 유영하는 싱싱한 이름도 몇 개 갖게 되었다. 해서 나는 보통 사람에 비해서 많은 이름을 가졌다. 대부분 하나둘인데 비하면 나는 엄청 부자인 셈이다. 가만, 이름이 많으면 부자라고 누가 말했던가.

이런저런 이름으로 불리기는 하지만 나는 역시 최미옥이다. 이름에 관한 특별한 느낌은 없이 무심하던 중 갑자기 싫증 나기 시작했다. 원만하던 중년 부부 사이에 느닷없이 찾아든 권태기처럼 이름이 보기 싫어졌다.

성당에서 교리 공부할 때였다. 좀체 키가 자라지 않은 신앙심을 키워야겠다 싶어 큰맘 먹고 자청했다. 책상 앞에 앉아 수녀님 말씀에 귀 기울였다. 그러나 어느새 머리는 세속의 잡다함으로 엉기고 있었고 눈은 책상 위에 놓인 이름표를 멀거니 바라보고 있었다.

최미옥. 붓펜으로 쓴 글씨가 유난히 단정해 보였다. 그러자 너무 단정해서 답답하다는 생각이 들기 시작했다. 이름도 그랬고 뒤에 적힌 세례명도 그랬다. 누가 세례명을 부르면 대답에 앞서 우선 호흡을 가다듬게 된다. 좀체 익숙해지지 않는 호칭이었다.

그런 것이 갑갑해지기 시작했다. 오랜 세월 차렷 자세로 살아온 것 같았고 편히 쉬어로 바꾸고 싶었다.

이름을 바꾸기로 맘먹고 고심 끝에 미래를 불러오기로 했다. '미옥보다 훨씬 작가틱하다' 며 언니가 웃었다. 작가틱하다는 언니 말에 귀가 솔깃했다. 뚝배기보다는 장맛인데 나는 구수한 장맛을 낼 노력 대신 얍삽하게 개살구의 빛깔 내기에 연연했을까. 문화원의 시 창작반에 최미래로 등록했다.

유년의 이름을 불러오는 데는 중학교 때의 추억도 한몫했다. 국어 선생님은 나를 미래라고 부르셨다. 당신이 소설을 쓰시면 여자 주인공 이름은 미래로 하겠다고, 꼭 그러겠다고 스스로 다짐하듯 거듭 말씀하셨다. 선생님은 소설을 쓰셨을까. 몇 해 전 모교의 교장으로 퇴임하셨단 소식은 들었으되 소설가가 되셨다는 소문은 들은 적이 없다.

이름과도 친해져야 했다. 다른 사람이 최미래 씨 하고 부르면 대답이 얼른 나오지 않았다. 당혹스러웠다. 낯가림이 심한 나를 간과한 것이 불찰이었다. 낯선 환경에 빨리 적응해야 발전이 있는 법인데 나는 도태되기 십상인 인물이다. 시와도 친해져야 했고 이름과도 친해져야 했으니 하지 않아도 될 숙제를 자청한 셈이었다.

시는 좀체 곁을 주지 않았다. 잠시 마음을 열어 보이는가 싶다가도 다시 낯선 얼굴로 밀어냈다. 답답했다. 언어의 경제성을 추구하는 동안 갈증에 시달렸는데 문득 이름 때문이 아닌가 하는 생각이 들었다. 남의 옷을 빌려 입은 듯 좀체 편안해지지 않았다.

　원위치하기로 했다. 시도 접기로 했다. 그를 사모하기에 나는 너무 산문적인 인물이었다. 내 안에는 정제되지 못한 말들이 들끓었고 나는 그들을 몽땅 쏟아내고 싶었다. 절제하지 않고 마구잡이로 퍼내고 싶었다. 밤이 이슥하도록 노트북 앞에 앉아있는 시간은 늘어났고 마음은 점차 가벼워졌다.

　잠시 아내 몰래 바깥길을 걷던 남자가 역시 조강지처가 최고라며 슬며시 원위치하는 심정이 이와 비슷할까. 나는 이제 단정함도 답답함도 아닌 편안함으로 나를 본다. 조강지처 같은 내 이름을 말한다. 처음 뵙겠습니다, 최미옥입니다.

다름을 변명하다

텔레비전에 출연한 손님이 말끝에 '틀리지요'라고 하자 아나운서가 '네 다르군요'라고 정정했다. 이야기의 맥을 끊지 않기 위해서 진행자는 작은 소리로 말했고 초대 손님은 알아듣지 못한 채 서너 번 더, 다르다고 해야 하는데 틀리다고 말했다. 아나운서는 그때마다 혼잣말하듯 정정 멘트를 붙였다.

우리가 무심히 쓰는 말 중에 잘못 사용하는 단어가 많은데 '다르다'와 '틀리다'도 그중 하나이다. 비슷한 것 같은 두 단어지만 반대말은 확연히 다르다. 다르다의 반대말은 '같다' 틀리다의 반대말은 '맞다'이다.

사람은 저마다 외모가 다르듯 성격이나 체질 등 본질적인 요소들이 다 다르다. 내가 처음으로 다름을 인식한 것은 고1 때였다.

그날 우리 반은 음악실에서 단체로 벌을 받았다. 엎드려뻗쳐, 하고 있었고 선생님은 누구의 자세가 풀렸는지 감시 중이었다. 이따금 회초리 소리가 났다. 얼마나 지났을까. 여기저기서 배배 꼬는 친구들이 늘어났고 회초리 소리도 잦아지고 있을 때였다. 정 아무개가 벌떡 일어섰다. 그는 흘러내린 안경을 추어올리며 소리 질렀다.

－차라리 때려주세요. 피가 나도록 때려주세요!

라며 제 손바닥을 선생님 앞에 들이댔다. 나는 상기된 친구와 창백한 선생님을 번갈아 보며 숨을 멈추었다. 아니 쟤가, 선생님이 진짜로 손바닥에 피가 나도록 때리면 어쩌려고…. 간이 콩알만 해졌다. 쟤는 매 맞겠다는 말을 저렇게 쉽게 할까. 나는 온종일 벌을 선다 해도 하지 못할 것 같은 말을 친구는 확 뱉어냈다.

일 이등을 다투던 이른바 범생이의 용기 덕분에 그날의 단체 기합은 싱겁게(?) 끝이 났다. 시멘트 바닥에 한 시간 내내 엎드려뻗칠 뻔했던 우리는 친구에게 힘찬 박수를 보냈다. 그의 용기는 내 안을 샅샅이 뒤져도 없는 것이었다.

나는 지금 생각해도 진득하니 벌서는 편이 낫지 않을까 싶다. 이 글을 쓸 생각으로 여론 조사하듯 지인들에게 물어보았다. 대부분 몇 대 맞고 깔끔하게 끝내는 게 낫다고 했다. 대꾸할 가치조차 없다는 듯 명쾌한 웃음으로 내 말을 잘랐다.

단호하던 후배 하나가 잠시 후 사족을 붙였다. '오래 벌서는 것도 괜찮겠다, 머리론 딴생각을 굴릴 수 있으니께'라며 큭큭 웃었다. 어쨌거나 표피적인 아픔이 무서운 나는 진종일이라도 몸을 비비 꽈가며 벌서는 쪽을 택할 것 같다. 굳이 선택해야 한다면 말이다.

  우리는 모두 다르다. 틀리고 맞는 것이 아니라 생김이 다르듯 다를 뿐이다. 남편은 매사 빠르다. 생각과 말과 행동을 동시에 해야 직성이 풀리는 사람이다.

  서로를 잘 모르던 신혼 무렵 어느 날이었다. 잠자리에서 무심히, 칼이 무디어졌으니 좀 갈아 달라고 말했다. 내 말이 끝남과 동시에 남편은 벌떡 일어나려고 했다. 당황스러웠다. 나는 그를 잡아당기며 급히 말했다. 지금 당장 해달라는 게 아니야. 언제 일찍 오는 날 하면 돼. 그러나 남편은 그 밤에 기어이 숫돌을 찾아들었다. 오밤중에 속옷 바람으로 쭈그리고 앉아 칼을 벼리고 있는 남자는 몹시 낯설었다.

  그는 느려터진 마누라가 얼마나 답답할까. 난감한 일이 내 앞에 떨어졌을 때 나는 생각에 생각만 거듭한다. 상대에게 언짢은 말을 해야겠는데 내키지 않은 것이다. 보다 못한 남편은 나를 밀어내며 후다닥 자기식대로 해결한다. 그리고 목청을 높인다, 당신은 틀렸어.

  틀렸다고 구박은 받으면서도 고맙다. 고마우면서도 말의

가시에 찔린 나는 혼자 아프다. 고마움 따로 상처 따로, 따로 국밥이다. 기왕, 못난 마누라의 보호자 역할을 자청했다면 '해결' 선에서 멈추면 더욱 고마울 텐데. 어정쩡한 내 처세가 틀렸음은 나도 알기 때문에 지적질은 가시일 뿐이다. 시간이 지나면 말갛게 가라앉는 흙탕물처럼, 때가 되면 저절로 가라앉을 일을 긁어 부스럼 만드는 경우도 많다. 그냥 지켜봐도 될 일을 성정 급한 남편은 그러지 못한다.

그의 추진력에 한 박자쯤 쉬게 하는 기능을 옵션으로 얹을 수 있으면 얼마나 좋을까. 혹은 나의 머뭇거림에 서너 템포쯤 속도를 내게 하는 기능은 없을까. 유감스럽게도 내가 '후다닥'이 어렵듯 나와 다른 그는 '천천히'가 어려운 모양이다.

세상을 움직이는 것은 대부분 적극적으로 말하고 민첩하게 행동하는 사람들이다. 그들의 빠른 판단과 과감한 추진력으로 세상이 변화하고 발전하는 것은 분명한 일이다. 그러나 그것이 전부 맞고 나머지는 틀릴까. 가시적인 현안에서 적극파의 기지가 빛을 발하는 건 분명해서 그들의 목소리가 더 높을 뿐이다.

서로 다른 우리에게 주어진 역할도 다를 것이다. 틀리다고 구박할 것이 아니라 다름을 인정해야 한다. 적극적인 행동이 중요하지만 그것이 전부일 수는 없지 않은가. 온종일 반추를 거듭하는 초식동물을 철학자에 비유하던 누군가의 글을 읽으며 공감한 적이 있다. 둘의 조화야말로 건강한 사회를 구성하는 바탕이 될 터이다.

 구차한 변명을 늘어놓아도 내가 답답하기 짝이 없는 인물임은 분명하다. 나도 내가 갑갑해서 한숨이 나올 때가 많은데, 나와 다른 그들 눈에 얼마나 한심해 보일까. 궁여지책으로 본질적인 문제까지 거론하며 주절주절, 다름을 변명해 본다.

입이 거들다

노파를 만난 건 동네 목욕탕에서였다. 물소리와 아이들 소리에 아낙네들의 수다까지 뒤섞인 소음 사이로 묘한 소리가 귀를 당겼다. 나지막이 부는 휘파람 혹은 문풍지를 스치는 삭풍 비슷한 소리가 그쳤나 싶으면 다시 이어졌다. 건너편에 앉은 어른이 몸을 씻으면서 입으로 연신 휘이, 쉐에 소리를 내고 있었다.

순간 외할머니가 생각났다. 묘한 소리에 긴장하듯 끌린 것은 무의식 속의 할머니 때문이었을까. 나도 모르게 다가갔다. 마침 등을 씻으려고 애쓰는 어른의 때수건을 빼앗다시피 받아들었다. 왜 그런 소리를 낼까, 궁금했다.

─힘등께 그라지라. 하도 힘들게 살았응께 나도 모르게 얄궂은 소리가 배어 버렸능갑소. 나는 잘 모르는디 우리 손주

들도 우습다고 해싸아.

하도 힘들게 살아서 얄궂은 소리가 몸에 배었다는 말은, 열탕에서 냉탕으로 옮겨 앉았을 때처럼 온몸에 소름이 돋게 했다. 소리를 내면 덜 힘들까, 내친김에 또 여쭈었다.

-입이 거들어중께.

성가시다는 듯 짧게 대답했다. '니들이 게 맛을 아느냐'는 광고처럼 네가 힘듦의 의미를 아느냐고 나무라는 것 같았다. 괜한 호기심에 다가갔다가 무안해진 나는 입 다물고 등을 공손하게 밀었다. 나뭇가지 같은 척추뼈 주위로 거뭇한 피부가 이리저리 쏠렸다. 한때 탄탄하게 척추를 싸안고 있던 근육과 지방은 다 어디로 가고 얇은 피부만 바람 빠진 풍선처럼 허술하게 노인의 장기를 싸고 있었다. 앙상한 등을 조심스레 헹구어 드린 후 자리로 돌아왔다. 입이 거들어준다는, 함축된 시구 같은 말이 물음표를 만들며 나를 따라왔.

할머니도 그랬을까. 움직일 때마다 휘이, 쉐에, 입에서 소리가 나던 할머니. 마치 새 한 마리가 입속에 사는 것 같았다. 어린 나는 그저 신기했을 뿐 이유를 여쭈어보지 못한 채 돌아가셨는데 노인의 대답은 세월을 휘돌아 온 할머니의 목소리 같았다. 할 일이 태산이라 마음은 급하고 힘이 부쳤으리라. 할머니는 황무지를 개간해서 끝이 보이지 않은 밭을 일구어 내신 여장부셨다. 해 뜨기 전에 나가서 어둑발과 함께 들어오시던 기진한 모습은 지금도 어렴풋이 생각난다.

유약한 성품의 어머니와는 정반대셨다. 엄마에게 꾸지람을 들은 기억은 거의 없는데 할머니의 꾸중은 생생하다. 내가 야단을 맞을 땐, 현장에 있지도 않은 엄마까지 혼이 나야 했다. '물러 터진' 당신 딸이 성에 차지 않으셨던 것이다. 엄마에게서 느낄 수 없던 강한 에너지에 끌렸을까. 나는 아무도 기다리지 않은 외가에 가고 싶어 손꼽으며 방학을 기다렸다. 할머니의 치마꼬리를 붙잡고 깜깜한 고샅길을 돌아 밤마실도 다니고, 들에 가실 때도 새참을 들고 내가 앞장섰다.

할머니가 예닐곱 이랑을 차지하고 앉아서 밭을 맬 때, 나는 한 이랑을 꿰고 앉았다. 내키는 대로 호미질하다 싫증이 나면 산비탈 그늘에 주저앉았다. 여름 한낮이라 들일을 하는 사람도 없었다. 끝없는 녹색 물결 위로 머리에 수건을 쓴 할머니 혼자 동동 떠 있었다. 망망대해에 아슬하게 뜬 작은 쪽배 같던 할머니. 멀어졌다 가까워졌다, 새 한 마리도 쉼 없이 따라다녔다. 휘이, 쉐에.

입이 거들어주는 소리였으리라. 내남없이 고달팠던 세월, 할머니의 땀과 눈물은 밥이 되었고 객지에 나가 공부하는 외삼촌의 학비가 되었겠다. 스스로 거름이 되어야 했지만 누구의 위로도 받지 못했다. 보다 못한 당신의 입이 거들고 나섰으리라…

휘이, 쉐에.

목욕탕에서 만난 어른이나 할머니가 내던 '얄궂은 소리'는 고단한 시절의 상흔 같은 것일까. 스스로를 위로하던 중얼거림은 시나브로 새가 되었으리라. 새는 가슴속에 둥지 틀고 이윽고 텃새가 되었겠다. 어디선가 할머니의 새소리가 들리는 듯한 밤이다.

엄마처럼 살지 않을 거야

어머니와 함께 산 지 몇 해가 되었다. 떨어져 산 세월이 길었기에 어머니지만 낯설 때가 많았다. 그 낯섦은 어머니도 마찬가지였지 싶다. 우리 집으로 들어오셨으니 나보다 더했으리라. 그렇지만 우리는 한배를 탔고 묵묵히 나갈 수밖에 없음을 알았기에 서로 노력했다. 그러다 보니 어머니의 편편에서 내가 보였다. 재미있는 일이었다.

하나, 텃밭 사랑
이사 후 동네 구경을 다니다가 텃밭 단지를 발견했다. 가을이었다. 야산 아래로 끝없이 펼쳐진 초록 물결을 보는 순간 숨통이 확 트였다. 드넓은 밭에 무며 배추, 상추 쑥갓 등이 주인의 취향대로 개성이 가득한 매무새를 뽐내고 있었다. 도봉구에서 운영하는 친환경 텃밭이었다. 전화번호가 있기에 당장 문의했다. 담당자는 난감해하며 지금은 어쩔 수가 없고 내년 봄에 분양 공고가 나가니 그때 신청하라고 했다. 내년까지 기다릴 수 없어서 남의 밭을 기웃거리며 흙내에 취해 다녔다. 두근거리며 봄을 기다렸고 드디어 손바닥만 한 텃밭의 주인이 되었다.

  땅을 고르고 모종을 심고 서너 종류의 씨앗을 뿌렸다. 씨앗이 움트고 싹이 나고 하루가 다르게 자라는 것을 지켜보는 일은 내 세상을 새롭게 했다. 잠만 자던 생기가 놀란흙처럼 깨어났다.

  어머니도 이런 기분일까. 나만큼이나 텃밭 사랑이 각별하다. 텃밭은 어머니의 산책길 종착지이다. 날마다 시찰(?)을 다니는 덕에, 그리고 모녀가 붕어빵이라 싹싹한 이웃들이 인사를 건네는 모양이었다. 오늘은 우째우째 생긴 이가 무슨 말을 하는데 못 알아들었다며 멋쩍게 웃고, 이웃 밭의 아저씨가 가지를 뚝 따서 주더라며 내밀기도 하신다. 일은 못 하지만 숨어 자라는 오이며 호박을 찾아내고 영근 방울토마토를 몇 개 따서 주머니에 넣어 오신다. 상추밭에 거름기가 없더라니 거름노 주고 물노 흠뻑 수라고, 지주가 소작인에게 하듯 잔소리도 하신다. 밭 주인이 어머니여서 나는 그저 예, 예 한다.

4. 입이 거들다

오랫동안 잊고 있던, 풋것을 만지고 흙내 맡으며 흙 밟고 다니는 이 길을 얼마나 귀애하시는지 딸인 내가 잘 안다.

둘, 줄장미가 흐드러지던 어느 날

마트에 갔다 오니 어머니가 소파에 쓰러지듯 누웠고, 바닥에 커다란 줄장미 다발이 넝쿨째 널브러져 있었다. 눈을 크게 뜨는 내게 물 한잔 청해 마신 후 상황을 설명하셨다.

학교 담장을 정비 중이었던, 줄장미가 휘늘어진 길을 걷는데 장미가 여기저기 떨어져 있더란다. 꽃 사랑이 극진한 어머니가 지나치지 못하고 떨어진 꽃을 한곳에 모아놓고 일하는 분에게,

-보소, 내가 저어기까지 갔다가 오는 길에 가져갈랑께 이거 버리지도 말고 아무도 못 가져가게 좀 봐주소.

부탁했고 그는 건성으로 대답했겠다. 오는 길에 보니 모아놓은 꽃이 없더란다. 황망해진 어머니가 그 양반인지 저 양반인지를 붙잡고 항의했다. 꼬부랑 할머니의 숨찬 항변에 어이 없던 그는,

-할매요, 내가 큰넘으로다가 꺾어드릴텡께 노여움 푸소.

라고 말하며 흐벅지게 피어 있는 줄장미의 굵은 가지를 전지가위로 툭 잘라서 건넨 모양이었다. 지팡이에 의지하고 간신히 다니는 노인이 얼마나 힘을 썼던지 방에 들어갈 기운도

없어서 소파에 쓰러져버린 것이다. 줄기가 굵은 만큼 가시도 사나워서 선뜻 손이 안 갔다.

-엄마, 장미 가시에 찔려서 죽은 사람도 있수. 이걸 우째 끌고 오셨댜. 그 양반도 똑같네. 꼬부랑 할매한테 이런걸 주믄 우짜노.

애먼 사람까지 원망하자 어머니는 시무룩해지셨다.

집이 남향이라 꽃이 끊이지 않는다. 색색의 제라늄과 카랑코에 꽃기린, 베고니아 등이 일등 공신이다. 늦가을 텃밭을 철수하게 되면서 베란다에 스티로폼으로 밭을 만들었다. 대파를 가장자리에 심고 줄 맞추어 상추 모종을 꽂았다. 늦게 파종한 바질도 안고 왔다.

아침마다 화초며 상추밭을 들여다보며 인사 건네는 어머니의 꾸부정한 뒷모습에 내가 겹쳐진다.

셋, 문방구

어머니의 취미는 천자문 필사이다. 이삿짐을 정리하면서 보니 필사노트가 여러 박스 쟁여져 있었다. 오래전 소설 공부할 때가 생각났다. 선생님은 습작 원고가 배꼽까지 쌓여야 한다고 했다. 원고지에다 손으로 또박또박 쓰던 시절이었다. 내 깜냥엔 닿지 않을 것 같아 일찌감치 접은 적이 있었다. 창작 노트는 아니지만 많은 양에 놀라 잠시 일손이 멈추어졌다.

필사는 우리 집에 오시고도 이어졌다. 어느 날 나갔다가 들어오시는데 공책 두 권이 든 봉투가 지팡이에 걸려 있었다.

-왜, 아직 있을 텐데.

딸아이가 택배로 여러 권 보내주었다. 어머니는 멋쩍어하며 다 썼다고 하셨다.

-말씀하시지.

-그냥, 오랜만에 문방구에 가보고 싶었다. 그 정도는 할꺼 같더만 인자 진짜로 몬하겄다. 길은 멀고 꼴랑 공책 두 권은 와이래 무겁노.

가끔 외식하던 식당 옆에 문방구가 있음을 눈여겨보신 듯, 숨을 몰아쉬는 어머니의 등 뒤로 젊은 내가 걸어 나왔다.

나도 문방구를 좋아했다. 지금은 사라지고 없는 우리 동네, 화신 문방구 아주머니는 유난히 새된 소리를 냈다. 코흘리개들이 게임기에 붙어 앉아 열 올릴 때면 아주머니는 짜랑짜랑한 목소리를 아이들 머리 위로 쏟아부었다. '그 아줌마 밥맛이야.' 갓 지은 밥이 얼마나 맛있는데, 아이들은 그렇게 말하며 고개 흔들었다. 서너 평 남짓한 낡은 문방구에 갇혀 한평생을 보냈으니 개구쟁이 고객이 귀찮기도 했으리라.

어른인 나도 대우 못 받기는 마찬가지였다. 이 구석 저 구석 기웃거리는 것을 대놓고 못마땅해했다. 특유의 새된 소리로 '뭐 찾는데'라며 반말도 하대도 아닌 어정쩡한 말로 다그치듯 말했다. 나는 아주머니 눈총을 따갑게 느끼며 서둘러 나오곤 했다.

어느 날 큰길 건너에 문방구가 새로 생긴 것을 발견했다. 신축 건물에 신장개업, 주인은 젊은 남자였다. 화신과는 급이 달랐다. 우표도 사고 원고지도 사 나르느라 내 걸음이 바빠졌다. 라디오에 사연도 보내고 여기저기 응모하느라 전업작가가 된 기분으로 살던 시절이었다. 주인은 실속 없는 고객임을 진즉에 눈치챘으련만 내색하지 않았다. 그도 바빴다. 카운터에 사무실처럼 공간을 만들어 놓고 늘 분주했다. 내가 어정거리기 딱 좋은 분위였다. 주인의 시선을 벗어난 공간은 편안했다. 소설이며 수필집 등이 있는 귀퉁이 코너에서 오랫동안 머물러도 뒤통수가 따갑지 않았다.

그 무렵 공인중개사 학원에 다니게 되었다. 새로운 지식을 접하는 설렘보다 공책이며 메모장, 색색의 형광펜과 화이트펜 등을 장만하는 일이 더 신이 났다. 학원 갔다 오는 길에도 자주 들렀다. 머리에 집어넣어야 할 딱딱하고 살벌한 지식을 잠시 밀어놓고 환기시키듯 문방구의 익숙하고 편안한 공기를 들이마시곤 하던 일이 생각났다. 부동산 사무실을 운영할 때도 기분 전환이 필요하면 문방구에 가곤 했다.

지금도 문방구 앞을 지날 때면 걸음이 늦어진다. 필요한 것도 없지만 그냥 본다. 옛 연인을 바라보듯 조금은 설레고 조금은 아련하다.

　가끔 손주들이 오면 우르르 데리고 솔밭공원 길목의 알파문구로 간다. 아이들은 문구 대신 총이며 변신 로봇 등을 들고 와서 제 어미들에게 검열 받는다. 너무 비싼 것은 그 자리에서 협상 결렬, 적당한 가격대로 재협상한다. 밀당 끝에 선택된 장난감 하나씩 들고 계산대에 서면 내가 지갑을 연다. 흐뭇하다.

　한때 '엄마처럼 살지 않을 거야'라는 말이 유행했다. 나도 그 말을 후렴구처럼 외고 다녔다. 그러나 유약함 또한 그대로 물려받았음을 깨달았을 땐 뛰어봤자 부처님 손바닥이지 싶다.

　타고나는 기질은 후천적으로는 어찌할 수 없음을 비로소 알겠다. 사람 고쳐서 쓰는 거 아니라는 말도 같은 맥락이리라. 서른일곱에 혼자되신 어머니에겐 살벌한 현실을 커버할 힘은 없었지만 타고난 부드러움으로 다섯 아이를 품으셨다. 가난했지만 심리적으로 안정된 유년과 청소년기를 보낼 수 있었던 건 어머니의 온화한 성품 덕이었겠다.

　엄마처럼 살지 않겠다고 안간힘 썼던 나는 비로소 나를 수긋하게 받아들인다. 아무도 모르는 나와의 화해이다. 저물어가는 어머니를 바라보는 마음, 그저 애잔할 따름이다.

아버지의 정원

친정어머니의 사진첩을 뒤적이다가 낡은 가족사진에 시선이 멎었다. 좀 더 가까이 보고 싶어 사진을 꺼내어 보다가 무심코 뒷면을 보았다.
"4293년 5월 20일 우리 집 정원에서"
아버지는 특유의 활달한 글씨로 그렇게 써놓으셨다. 참으로 오랜만에 보는 익숙한 글씨는 금세 가득한 그리움으로 목젖을 당기게 했다. 고만고만한 아이 다섯과 젊은 어머니와 아버지가 활짝 핀 장미를 배경으로 서 있다. 추억은 세월에 여과되어 미화되기 마련이라지만 그래도 정원이라니, 암만 격상시켜 봐도 그것을 정원이랄 수는 없음을 아버지께 고하고 싶어졌다.
토담을 따라 약간의 흙을 돋우어 만든 꽃밭이었다. 그곳에는 이른 봄 매화꽃이 피어 계절의 시작을 알렸고 앵두나무와 감나무 외에 크고 작은 몇 종류의 일년초가 피고 질 뿐이었다. 그 옹색한 꽃밭의 진수는 역시 장미였다. 아버지의 정원이 가장 화려하게 부상하는 때였다.

장미가 한창 필 때면 온 식구가 틈만 나면 장미꽃을 에워싸고 벌레를 잡았다. 지금은 부러 찾아보고 싶어도 없는 딱정벌레 비슷한 곤충은 유난히 장미꽃을 좋아했던지 꽃잎 사이사이 복병처럼 숨어서 꽃을 갉아먹었다. 놈은 날개를 숨기고 있었다. 여차하면 휘리릭 날아가 버리는 바람에 빠른 손놀림이 필수였다. 잽싸게 잡아서 세숫대야에 띄우면 위잉 소리를 내며 맴돌았는데 건전지가 들어있는 장난감에 비할 바 아니었다. 장미 벌레는 우리의 멋진 놀잇감이 되어 주었다.

어머니의 벌레 잡는 솜씨는 서툴렀다. 아버지는 그런 어머니께 아이들보다 못하다며 핀잔을 주셨다. 팥알만 한 장미벌레조차 아이들만큼도 못 잡는 어설픈 어머니를 두고 아버지는 서둘러 가셨다. 마흔둘, 생을 접기엔 너무 빠른 세월이었다.

아버지는 일찍 가실 것을 예견하셨을까. 옛날의 어른답지 않게 자식사랑을 표현하셨다. 아이들을 데리고 나가 강바닥을 마구 흔들며 미꾸라지를 잡았고 어느 날엔 미륵골 맑은 계곡을 더듬으며 가재를 잡기도 했다. 아버지는 아이들보다 더 흥겹게 그런 일들을 하셨다. 아버지의 생활이 어찌 팍팍하지 않았으랴. 그러나 아이들의 왕성한 성장은 열심히 사셔야 하는 이유가 되어주었을 것이고 그것이 에너지원이었으리라 짐작한다. 내가 내 아이들을 보면서 열심히 살아야 하는 이유를 찾듯이.

햇살이 내리꽂히던 미나리 못, 그 물가에서 물수제비뜨는 법을 설명하며 시범을 보여주시던 젊은 아버지의 모습은 내 어설픈 시로 살아나서 작은 상을 받는 기쁨을 갖기도 했다. 언니나 나나 운동신경은 유난히 둔해서 운동회 때면 아버지는 번번이 속이 상했다. 언젠가 운동회 전날 밤, 달빛이 내려앉은 마루 끝에 어린 딸 둘을 앉혀놓고 잘 달리는 법에 대해서 긴 연설을 하신 적이 있었다. 덕분일까. 그 운동회 때에 처음으로, 달리기를 해서 공책 한 권을 상으로 받았다. 아버지가 남겨주신 기억의 편린들은 이후 삭막한 세상살이에 부딪힐 때면, 잠시 언 몸을 녹일 수 있는 따뜻한 솜이불이 되어주었다.

암만 생각해봐도 그저 그런 꽃밭에 지나지 않는데 정원이라니. 젊은 아버지의 치기에 과연 우리 아버지다, 싶었다. 욕심이 많은 분이셨다. 점잖다, 어질다, 진중하다, 이런 단어들과는 거리가 있는 아버지는 부지런하고 애살 많고 매사 적극적이셨다. 또한 정도 많고 다혈질이셨다. 약간 가볍고 경솔하기도 하셨으리라. 일찍 일어나시어 논 한 바퀴 돌아본 후 출근히고 퇴근하기 무섭게 들에 나가 어두워서야 들어오셨다. 덕분에 우리 논은 논두렁이 반질반질해서 이웃들이 흉 아닌 흉을 보았다고 어머니는 추억하신다.

아버지는 어떤 정원을 꿈꾸셨을까. 융단처럼 펼쳐진 잔디밭에 비싼 수목으로 조경을 하고 조각그림이 새겨진 벤치를 놓고 싶으셨을까. 아닐 것 같다. 그 옹색한 꽃밭을 정원이라 하신 것을 보면 아버지의 꿈은 소박했지 싶다. 다만, 담장을 허문 동화 속 키다리 아저씨의 정원처럼 누구나 놀러 와 쉴 수 있는 곳을 만들고 싶으셨으리라. 인정이 지나쳐서 좌충우돌하던 성품을 떠올리면 그러셨지 싶다.

머지않아 장미의 계절이다. 곳곳에서 무더기로 피어나는 장미는 아득한 유년의 언덕에 나를 내려놓을 것이고 추억여행을 떠나보리라.